Franz Beckenbauer allein auf dem Rasen von Rom, Zlatan Ibrahimović im Sprung gegen England, Jürgen Klinsmann und sein Tritt in die Tonne.

Hundebisse, Mittelfinger, gefallene Tore.

Der Fußball ist eine Bildermaschine, er produziert seit jeher Legenden, Momentaufnahmen. Unvergessene Szenen, die vom Triumph und vom Scheitern erzählen, von Rivalität und Leidenschaft, von Aufstieg und Abgrund. So entstehen Wahrheiten, die nicht nur auf dem Platz liegen. Und Geschichten, die nicht selten ins Abseits führen. Sie begleiten uns dann und liefern Stoff für immer neue Gespräche.

In der Kurve, an den Stammtischen, im Fernsehen.

Die ZEITLUPEN folgen diesen Spuren des Spiels, den Karrieren nach dem Abpfiff, dieser ewigen Nachspielzeit. Und zeigen, wie es weiterging. Nach dem wichtigsten Tor, dem letzten Zweikampf, dem traurigen Abgang. In jedem Augenblick schon der Anfang einer neuen Erzählung.

»Vogelsang schreibt wortgewaltig und lebendig. Er kreiert aufregende Remixe des Altbekannten.« *Andreas Bock, 11FREUNDE*

LUCAS VOGELSANG, geboren 1985, gehört zu den erfolgreichsten Autoren seiner Generation. Als Reporter hat er u. a. für den *Tagesspiegel*, den *Playboy*, *Die ZEIT*, *Die WELT* und *WELT AM SONNTAG* geschrieben. 2010 erhielt er den *Henri-Nannen-Preis*, 2013 den *Deutschen Reporterpreis*. 2017 erschien sein Debüt *Heimaterde. Eine Weltreise durch Deutschland*. 2019 *Was wollen die denn hier? – Deutsche Grenzerfahrungen* mit Joachim Król. Seit Oktober 2020 läuft seine Serie *LANDSLEUTE* im *Stern*. Lucas Vogelsang ist Teil des Podcasts *Fussball MML* und spielt für die deutsche Autorennationalmannschaft. Er lebt in Berlin.

LUCAS VOGELSANG

ZEITLUPEN

Denn der Fußball schreibt die besten Geschichten

TROPEN SACHBUCH

MIX
Papier | Fördert gute Waldnutzung
FSC® C083411

Tropen
www.tropen.de

Cover-Gestaltung und Illustration:
www.handsofgod.football
Gesetzt von C.H.Beck.Media.Solutions, Nördlingen
Gedruckt und gebunden von CPI – Clausen & Bosse, Leck
ISBN 978-3-608-50174-2
E-Book: ISBN 978-3-608-12132-2

Zweite Auflage, 2024

Bibliografische Information der Deutschen Nationalbibliothek
Die Deutsche Nationalbibliothek verzeichnet diese Publikation in der Deutschen Nationalbibliografie; detaillierte bibliografische Daten sind im Internet über http://dnb.d-nb.de abrufbar.

INHALT

VORWORT

Ich hab' noch nicht
einen einzigen Sklaven
in Katar gesehen.
Die laufen alle frei rum.

FRANZ BECKENBAUER

Für mich geht es hier einfach um
den schönsten Sport der Welt.

THOMAS HELMER

Im Juli schließlich, es war der Tag des Endspiels zwischen England und Italien, hatte dieses Buch seinen Weg auch zu denen gefunden, die darin vorkommen. Eine unmittelbare Begegnung im Hilton Hotel am Airport München.

Geschichte und Geschichten.

Es war *Doppelpass*.

Und, fast noch wichtiger, der Abschied von Moderator Thomas Helmer, weshalb der Sender noch einmal groß eingeladen und neben Mario Basler und Stefan Effenberg auch Uli Hoeneß auf die Gästeliste gesetzt hatte.

Eine mittlere Sensation, weil der ehemalige Bayern-Präsident schon länger nicht mehr dort gewesen war.

Es sollte, so der Plan, ordentlich knallen.

Mit Watschn und Weißbier.

Mit sehr viel Meinung zwischen den Werbeblöcken.

Im Backstage-Bereich lagen die passenden Schlagzeilen. *BILD* und *Abendzeitung*, bayrischer Boulevard. Thomas Helmer schrieb letzte Sätze auf seine Moderationskarten und nebenan wurden letzte Falten aus den Gesichtern gebügelt. Basler und Effenberg kamen gerade vom Rauchen, hatten sich draußen schon mal in Stimmung gebracht.

Und unwillkürlich stand da dieser alte Wontorra-Gag mit im Raum. Der Udo, hatte der Jörg ja immer über seinen Dauerexperten Lattek gesagt, der braucht keine Maskenbildnerin, der braucht einen Stuckateur.

Das reichte oft als Warm-Up.

Udo Lattek ist vor einigen Jahren gestorben, Wontorra seit einigen Monaten im Ruhestand, aber der Herrenwitz, sehr alt und selten gut, hat in diesen Zimmern überdauert.

Er hängt da im Mauerwerk, schwer wie 50 Jahre Tabakrauch. Pointen, so klebrig wie Teer.

Basler und Effenberg, sie standen ein wenig in der Gegend herum. Und Helmer versuchte ein Lächeln.

Dann betrat Uli Hoeneß den Raum, unmittelbar mächtig.

Und, fragte er zur Begrüßung, sind hier auch alle geimpft?

Ein bisschen Gejohle.

Natürlich, Uli.

Selbstverständlich, Herr Hoeneß.

Der Mario, schob er nach, kleiner Einstiegskalauer unter Kumpels, der ist ja einer, der muss dreimal geimpft werden.

Bin schon, sagte Basler und zeigte wie ein Pistolero auf seine Lenden.

Hier, Pullermann!

Womit also auch der Ton gesetzt war, für diese Sendung. Diese Elefantenrunde mit Tiger, diesen Stuhlkreis der Brusttrommler. Jeder hier gleich in seiner besten Rolle.

Anekdoten-Avengers.

Es ging dann bald schon um alles. Italien und England, die Szenen aus Budapest und London. Ein bisschen Corona, ein bisschen Abrechnung mit der deutschen Nationalmannschaft. Hoeneß, wie bestellt, polterte gut. Wusste, wo die Fehler lagen. Kannte mal wieder alle Gründe. Die Wahrheiten, die ja vor allem auf dem Platz liegen.

Toni Kroos, erklärte er Thomas Helmer und dem Publikum schließlich, hat in diesem Fußball nichts mehr verloren.

Da gab es eine Menge Applaus.

Der Uli, der den Ball einst in den Nachthimmel von Belgrad geschossen hatte, konnte da ja nicht ahnen, dass der Toni nur ein Jahr später die Champions-League-Trophäe in den Nachthimmel von Paris halten würde, zum fünften Mal.

Ich hätte es ehrlicherweise auch nicht gedacht.

Aber das alles war ohnehin nur das Vorspiel. Denn irgendwann, nach dem Finale ist nun mal vor dem Eröffnungsspiel, ging es zwangsläufig auch um Katar, die Weltmeisterschaft im Winter. Und um die Beziehungen der Bayern zum Emirat am Persischen Golf. Weshalb Doha dort in München nun ganz kurz hinter Wembley lag.

Thomas Helmer hatte sich entsprechend vorbereitet.

Katar, fragte er also den Uli, ist ja bei euch auch auf dem Trikot, oder?

Ja, sagte Hoeneß. Er kannte die Frage bereits.

Und, setzte Helmer nach, das siehst du nicht problematisch?

Womit er im Grunde ein Streichholz an das Pulverfass gehalten hatte. Denn Hoeneß, standesgemäß, platzte mal wieder der ohnehin viel zu enge Kragen.

Er beugte sich leicht nach vorn.

Ein Boxer, der sich aus der Deckung wagt. Rundumschlag.

Dann lehnte er sich zurück und beklagte die Scheinheiligkeit der Gesellschaft, nannte Katar einen guten Wirtschaftspartner des FC Bayern und erklärte den Zuschauern dann auch gleich noch, dass sich die Arbeitsbedingungen in der Wüste deutlich verbessert hätten, seitdem sich sein Verein öfter mal vor Ort blicken lässt. Veränderung durch Annäherung, Demokratie durch Dialog. Und er tat dies natürlich im Brustton des Überzeugten. Ganz so, als hätte das jährliche Trainingslager der Bayern maßgeblich zur Öffnung des Kafala-Systems beigetragen.

Als ich ihn daraufhin mit den Zahlen konfrontierte, die längst zum Allgemeingut der Vorberichte geworden sind, mit den Arbeitern, die in der Hitze der Wüste einfach umgekippt, in viel zu engen Hütten verreckt sind, da reagierte er so, wie eigentlich nur Uli Hoeneß reagieren kann.

Ein Kanzler des Freistaats. Er winkte ab.

Wir haben 6500 Tote, sagte ich, das hat der *Guardian* veröffentlicht.

Ja, ja. Sagte Hoeneß. Über zehn Jahre.

Als wäre es eine Abschreibung.

Dann wechselte der Sender das Thema.

Umbruch beim FC Bayern. Kahn über Nagelsmann.

Dann war wieder Fußball.

Dann Werbung.

Und Basler und Effenberg gingen rauchen.

Und Thomas Helmer bekam den Abschied, den er sich gewünscht hatte.

Unser Fußball ist kaputt.

Seine Gegenwart schmerzt.

Der Sport, in den wir uns verliebt haben, hatte das *ZDF*-Magazin *frontal* schon zu Beginn des Jahres erklärt, den gibt es so nicht mehr. Der ist tot.

Er hat jede Romantik verloren. Ein Geschäft, bei dem das Geschäft stimmen muss.

So sind Vereine zu Spielzeugen der Scheichs und Oligarchen verkommen und die Gehälter der Spieler, meist selbst nur Spekulationsmasse, längst explodiert.

Leroy Sané, ein Beispiel nur, verdient beim FC Bayern mittlerweile 47 000 Euro.

Am Tag.

Und Kylian Mbappé, nach seinem Mannschaftskollegen Neymar noch immer der zweitteuerste Transfer der Geschichte, wurde von seinem Arbeitgeber Paris Saint-Germain erst kürzlich mit einem Vertrag ausgestattet, der neben 50 Millionen Euro Nettogehalt auch eine Vollmacht beinhaltet, die es dem Spieler erlaubt, selbst zu entscheiden, wer demnächst mit ihm arbeiten darf. Kurz nach der Unterzeichnung musste der bisherige Sportdirektor Leonardo, schon lange kein Freund mehr, den Verein verlassen.

Eine Zeitenwende, schrieb die *WELT*.

Das Geld für diesen Irrsinn, und das ist kein Zufall, kommt auch hier aus dem kleinen Emirat am Golf. Aus Doha. Von Paris aus gesehen nur noch einen harten Steinwurf entfernt.

Denn Katar, seit einigen Jahren schon, nutzt den Fußball als Instrument, als außenpolitischen Hebel, der dabei helfen soll, das Ansehen des Landes draußen in der Welt zu verbessern. Milliardenschwere Kosmetik.

Deshalb Neymar, Messi und Mbappé.

Deshalb Gruppenspiele im europäischen Winter.

Sportswashing, ist die Vokabel dazu.

Vielleicht ist der Fußball, wie wir ihn kannten, noch nicht gänzlich tot. Hin und wieder zuckt er ja noch. Aber er ist ganz sicher krank. Und die kommende Weltmeisterschaft in der Wüste das stärkste, weil sichtbarste Symptom dieser Krankheit. Eine klaffende Wunde, in die man den Finger legen kann.

Eine Perversion.

Denn die Vergabe der WM nach Katar stellt nicht nur Fragen an die Moral des Fußballs, sie ist darüber hinaus Sinnbild geworden für alles Schlechte in diesem Sport. Weil auch hier, man möge da ruhig Dettmar Cramer zitieren, doch wieder alles mit allem zusammenhängt.

Sie können sich am Hintern ein Haar ausreißen, hatte der große Bayern-Trainer einst gesagt, dann tränt das Auge.

Oder anders gesagt, den Zeiten entsprechend: Wenn Gastarbeitern am Arsch der Welt die Pässe weggenommen, die Menschenrechte mit Füßen getreten werden, kann man davor die Augen nicht verschließen.

Eigentlich.

Wenn es aber um den neuen Fußball geht, schweigt der alte.

Dann halten sich vermeintliche Legenden vornehm zurück. Dieses Nichtsagen der Dampfplauderer, man kann es an jedem Wochenende hören, an den Stammtischen und Analyse-Theken. Es steckt zwischen den Zeilen der Kolumnen. Und in den Sätzen, die gerade nicht geschrieben werden.

Sie sitzen dann dort, senken den Daumen über den Nachwuchs, werfen ihre eigene Taktik an die Magnettafeln, malen Kreise hinter die Ketten. Und Pfeile auf die Flügel. Sie wissen es besser. Und haben ihre eigene Sprache dabei. Diese abgewohnten Vokabeln, die wie schwere Möbel im Raum stehen.

Sie haben viel zu erzählen, aber mehr sagen wollen sie nicht. Früher haben sie mit den Füßen gesprochen, heute wollen sie sich die Finger nicht schmutzig machen.

Sie sind Teil des Geschäfts.

Der *Doppelpass* im Juli 2021 ist da nur ein Beispiel von vielen.

Dabei wären Helmers Gäste damals eigentlich sehr gute Experten gewesen. Augenzeugen sogar. Denn Basler, Effenberg und Hoeneß teilen eine biografische Besonderheit.

Sie haben nicht nur für den FC Bayern gespielt, sie waren auch alle schon mal dort. In der Wüste. In Katar.

Sie alle haben das Geld der Scheichs genommen.

Basler und Effenberg als Spieler, 20 Jahre ist das bald her.

Und Hoeneß als Präsident.

Sie haben in der Wüste trainiert. Oder trainieren lassen.

Sie hätten sehr viel sagen können.

Aber Basler und Effenberg wollten nicht, hielten sich raus, ihre Sessel nur Allgemeinplätze. Und Uli Hoeneß hatte sein Pulver nach der ersten Nebelkerze ebenfalls schnell verschossen.

Er konnte froh sein, dass ihm umgehend andere Fragen gestellt wurden. Gemütliche Themen.

Nagelsmann und Neuzugänge.

Die Bayern, sie hatten ihre Mauer gestellt.

Sie hielt bis zum Ende.

Und über allem schwebte im Grunde die Lichtgestalt, Franz Beckenbauer.

Der Kaiser ist ja bekanntlich 2009 als *FIFA*-Mann nach Katar geflogen und hatte später, als er sich zur Ausbeutung auf den Baustellen äußern sollte, einen jener Sätze im Gepäck, die so wirklich nur er in die Mikrofone sprechen konnte. Ein Mann, dem der *Spiegel* bereits 2003 den passenden Beinamen gegeben hatte.

Der Firlefranz.

Also, sagte Beckenbauer da, ich hab' noch nicht einen einzigen Sklaven in Katar gesehen, die laufen alle frei rum.

Keine Fesseln, keine Ketten, keine Büßerkappen.

Ein ganz eigener Blick auf die Welt.

Thomas Helmer hat ebenfalls für den FC Bayern gespielt, er war dort ein Innenverteidiger von Format. Einmal konnte er ein Tor erzielen, das keines war. Später ist er zum Fernsehen gegangen. Auch, weil ihn niemand davon abgehalten hat. Er durfte dort fast sechs Jahre lang durch den *Doppelpass* führen. Wobei er die kritischen Nachfragen als Moderator immer so behandelt hat, wie früher als Innenverteidiger die Grätschen.

Sie waren sein wirklich letztes Mittel.

Ein halbes Jahr nach seinem Abschied vom *Doppelpass*, mit ein bisschen Verzögerung also, meldete auch er sich zum Thema Katar. Auf *Instagram*, unter einem Bild, das ihn dabei zeigt, wie er vor einem Hauseingang einen Ball hochhält.

Nur noch knapp 10 Monate bis zur WM in Katar, schrieb er darunter. Ich freue mich schon sehr und sage bereits jetzt, dass ich mich an politischen Diskussionen zur Weltmeisterschaft nicht beteiligen werde.

Dein Thomas.

Ende der Durchsage.

Er war da, wieder einmal, in guter Gesellschaft.

Denn nur wenige Tage zuvor hatte auch sein ehemaliger Mannschaftskamerad Lothar Matthäus die Welt wissen lassen, was er persönlich von der Kritik am WM-Gastgeber hält.

Der Ausrichter, meinte Matthäus am Rande der FIFA The Best Awards, da wird viel gesucht. 2010 wurde Südafrika kritisiert, 2018 Russland, 2014 Brasilien, auch Deutschland hat man kritisiert 2006. Das ist immer so, das ist nichts Neues für mich im Vorfeld, das ist Geplänkel der Journalisten.

Im Mai wurde Matthäus dann offiziell als Botschafter der WM in Katar vorgestellt.

Es ist eine Auszeichnung, sagte er.

Die Menschenrechtsverletzungen, die Repressionen.

Ja, mei.

Der Kaiser und der Uli wären sicher stolz gewesen.

Der Fußball, den wir lieben, liegt also im Sterben. Und, was noch schlimmer ist, wir können bei denen, die dabei waren, als wir uns verliebten, keinen Trost mehr finden. Sie helfen uns nicht. Weil auch sie heute andere sind als damals.

Moderatoren, Experten, Makler ihrer Biografie.

Sie verwalten das eigene Erbe. Und haben die Seiten gewechselt.

Der Fußball siecht dahin. Und sie hängen am selben Tropf. Abhängige, heute mehr denn je.

Was also bleibt, ist die Erinnerung. An die Bilder von damals, an die Männer von einst.

Die Romantik der Rückschau. Weil dort, in dieser Retrospektive auf Rasen, noch alles so ist, wie es mal war.

Das Spiel, wie es sein sollte. Unsere Definition von Glück.

Weil uns der Helmer mit dem Phantom-Tor immer näher sein wird als der Helmer neben dem Phrasenschwein. Und der Matthäus in Mailand immer größer sein wird als der Matthäus in Doha.

Heimspiele in der Vergangenheit.

Dann dreht Basler eine Ecke ein.

Und Effenberg zeigt den Finger.

Und Uli Hoeneß schießt gegen Daum.

Dann sind wir wieder zuhause.

Und die nächste WM ist ganz sicher im Sommer.

Ein Märchen vielleicht.

Die große Sehnsucht nach gestern.

Auch davon erzählt dieses Buch.

ZEITLUPE

Denn das ist die wichtigste Sache am Fußball,
dass es niemals nur um Fußball geht.
TERRY PRATCHETT

Dann stand das Spiel plötzlich still, rollte der Ball nicht mehr. War alles anders als sonst. Nicht mehr Samstag, nicht mehr halb vier. Kein Anpfiff und auch kein Flutlicht am Abend. Kein Bier an der Roten Erde, keine Wurst an den Stadionterrassen. Die Wochenenden und Nachmittage nun gähnend leer, die Stadien nur weiße Elefanten. Also kein Tor in München, kein Tor in Berlin. Statt Pfiffen nur noch der Wind in der Kurve. Nach dem Frühstück gleich die Lottozahlen, der Wetterbericht.

Und im Radio, ohne Gesänge, lief wirklich Musik.

Nach einer Woche bereits, die Felder unbespielbar, schien Gras über die Sache zu wachsen.

Als hätte es das Spiel nie gegeben.

Dann aber begannen wir, uns zu erinnern. Im Gedächtnis wie in alten Kisten zu kramen, in vertrauten Gefühlen Zuflucht zu suchen. In den Bildern, die wir kannten. Den Szenen, die wir bei uns tragen wie Passbilder in der Brieftasche. Das innere Auge als Leinwand, auf der Festplatte nun wieder das volle Programm. *Bundesliga Classics*, *Eurogoals*.

Jeder auch sein eigenes Archiv.

Im Fernsehen liefen plötzlich die Spiele von damals, die großen Kämpfe von einst, standen wir plötzlich erneut im Finale. Waren wieder nur Sekunden zu spielen.

So schufen wir unsere eigenen Konferenzen, über die Jahrzehnte und über die Pokale hinweg. So hielten wir uns, die Fernbedienung in der Hand, an unsere eigenen Gesetze. So spulten wir noch einmal zurück. Wussten jedes Ergebnis, kannten die Tore bereits. Und waren doch wieder hellauf begeistert. Von der Gleichzeitigkeit des Moments, den Schnittbildern und Wiederholungen. In den Stadien Menschen, Jubel und Tränen. Echte Liebe wohl auch.

Die Vergangenheit auf allen Kanälen. Krimis, wo sonst nur Krimis laufen. Die *Sportschau* etwa zeigte Deutschland gegen England. Halbfinale in Wembley 1996, seltsam körnige Bilder. Erst Shearer, dann Kuntz. Erst der Zeigefinger zum Himmel, dann die Säge als Antwort.

Vertraute Gesten, tatsächlich alte Bekannte.

Und im Netz, auf ganz anderen Plätzen, liefen nochmal ganz andere Dramen. Dortmund und Juventus, zum Beispiel. Finale im Olympiastadion, 1997. Zweimal Karl-Heinz Riedle, den sie *Air* nannten, weil er so hoch springen konnte. Ein König, der die Luft beherrschte. Dann Lars Ricken, von Marcel Reif zum Kunstschuss gebrüllt.

Schließlich Leverkusen in Unterhaching, Fernduell mit den Bayern. In den Flaschen der Spieler schon heimlich Champagner, dann aber Ballack ins eigene Tor. Und an der Seitenlinie Christoph Daum, die Augen starr in den Abgrund gerichtet. Wieder mal um Haaresbreite an der Schale vorbei.

Diese Bilder, sie holten wieder alles hervor. Und hinterließen ein seltsam entrücktes Gefühl. Als hätten wir uns mit ihnen noch einmal selbst besuchen dürfen. Die eigene Jugend, die Anfänge von allem.

Denn diese Szenen nehmen uns an die Hand. Bis wir wieder dort stehen, auf Höhe des Sechzehners. Im Ohr das Raunen der Menge.

Kinderaugenblicke.

Ich bin selbst mit dem Fußball groß geworden, ein Sohn der 90er-Jahre. Mein erstes Bundesligaspiel habe ich in der Zusammenfassung gesehen. Auf einem klobigen Röhrenfernseher in der Laube meiner Eltern. Es war Samstag. Es lief *ran,* weil *ran* nun mal am Samstag lief. Nur wusste ich das damals noch nicht. Das Konzept aber, so viele Treffer in so kurzer Zeit, gefiel mir gleich gut. Da war richtig was los. Und vor der Kamera, Begeisterung in allen Stadien, standen die Männer des Wochenendes. Reinhold Beckmann, die Jeansjacke in Knallrot. Jörg Wontorra, das Sakko in Altrosa. Oder Lou Richter, von dem ich lange dachte, er wäre der Typ von den *Prinzen.* Sie waren Komplizen, Türöffner auch.

Sie hatten den Fußball in unser kleines Wohnzimmer gelassen. Sie waren die Dealer, sie hatten mir die Pille schmackhaft gemacht.

Bald darauf kaufte ich mein erstes *Panini*-Album, klebte Katemann, Dickhaut und Wück. Sticker wie Fahndungsbilder. Die Bayern trugen *Opel,* Karlsruhe hatte *Ehrmann* auf der Brust. Und Bochum, unvergessen, ging mit *Faber* hausieren. Die Bundesliga, damals auch eine große Lotterie. Ein tatsächlich knallbunter Zirkus. So geriet ich hinein. In dieses Spiel, das man nur mit großen Augen schauen konnte. Plötzlich auch am Abend, mit meinem Vater auf der Couch. Weil die Deutschen in Amerika spielten, müde Blicke über den großen Teich. Letchkov gegen Icke, 20 Zentimeter zu kurz.

Die erste große Niederlage.

Danach dann Klinsmann gegen Bordeaux, Zidane noch mit vollem Haar. Das war mein erster Titel, ich jubelte im Wohnzimmer. Hertha spielte da noch in der Zweiten Liga, wir sollten erst später zueinander finden. An einem Nachmittag gegen Waldhof Mannheim. Auf dem Maifeld, im Windschatten von Günther Jauch. In der Champions League dann. Ali Daei gegen Chelsea, Barcelona im Nebel. Aber das ist noch mal eine ganz andere Geschichte.

Erstmal flogen die Deutschen über den kleinen Teich, spielten dort unter den Augen der Queen. Und ich saß daheim und klebte Abziehbildchen aus Haselnussschnitten, fiebrige Finger. Klebte Ziege und Reuter und Freund. Gesichter, die mich von nun an begleiten sollten. Erst als Spieler und später als öffentliche Figuren. Ich lernte sie nach und nach kennen. Die Europameisterschaft war, wenn man so will, unsere erste gemeinsame Reise. Und das Finale gegen Tschechien, Bierhoff in der Verlängerung, der erste gemeinsame Sieg. So wurden es besondere Wochen. Auch, weil diese Spiele anders waren als die Spiele zuvor.

Größer, wichtiger. Staatsangelegenheiten.

Der Fußball, er war jetzt nicht mehr nur bei uns zu Hause, er war nun auch bei den Nachbarn zu Gast. Gleichzeitig in allen anderen Wohnzimmern. Meine Freunde und ich, wir saßen gemeinsam vor dem Fernseher, wir teilten diesen Moment. Und nach jedem Spiel liefen wir in den Hof gegenüber, stellten die besten Szenen dort nach. Und jeder kam mit, denn jeder wusste Bescheid. Wir brauchten keine Wörter, um zu erklären, was gerade erst war. Wir trugen die Tore noch in uns. Und schossen mit Dosen auf Tischtennisplatten. Wurden Klinsmann, Sammer und Kuntz. Nur einmal war ich trotz allem Kroate. Davor Šuker, mit der Sohle über dem Ball, als hätte er ihn gestreichelt.

Mein Held aber blieb Andy Möller, weil er in Wembley den Gascoigne gemacht hatte, die Brust raus vor den englischen Fans. Der ziemlich trockene Moment einer sonst sehr feuchten Figur.

Dann kam Bierhoff, und traf zweimal gegen Kouba. Das entscheidende Tor für immer mit Gold überzogen. Und Jürgen Klinsmann durfte den Pokal in den Himmel halten, in seinem Rücken die Queen, lächelnd im türkisfarbenen Kostüm. Auch das ein Sommermärchen.

Und die Menschen fuhren mit ihren Autos über den Kurfürstendamm. Berlin, die wieder grenzenlose Freude. Ganz am Ende dieser Nacht, das weiß ich noch genau, hat mein Vater mit einer Gaspistole in die Luft geschossen. Vor Freude, im Übermut auch. Und aus der erwachsenen Überzeugung heraus, Platzpatronen geladen zu haben. Da allerdings hatte er sich reizenderweise geirrt. So bin ich dann glücklich, aber mit roten Augen eingeschlafen.

Die Europameisterschaft, der Titel und die Bilder aus England, sind jetzt 25 Jahre alt. Und meine Erinnerungen aus dieser Zeit längst zu Schlaglichtern geworden. Bekömmliche Häppchen, meist auf dem Silbertablett angerichtet.

So kann ich die Jahre seither allein an jenen Momenten entlang erzählen, die geblieben sind.

Meinen Freunden, den Kollegen und Altersgenossen, geht es mitunter ganz ähnlich. Wenn sie vom Fußball von damals sprechen, verstehen wir uns. Und leben in Highlights, in Andeutungen. Stichwortspiele. Dann ist Fußball eine eigene

Sprache. Dann reicht eine Szene, um einen ganzen Film zu beginnen. Dann reicht ein Zitat für einen ganzen Roman.

Ricken, lupfen jetzt!

Wir melden uns vom Abgrund.

Mach ihn! Er macht ihn!

Weiter, immer weiter!

Andy Brehme gegen den Elfmetertöter Goycochea.

Dann ist in Hamburg noch immer nicht Schluss. Dann steht Peruzzi in München zu weit vor seinem Kasten. Dann macht Fjörtoft einen Übersteiger und Baumann vergibt gegen Golz. Dann steht Assauer wieder im Parkstadion, im Mund noch die tränennasse Zigarre. Hinter ihm ein untröstlicher Trommler. Und Jörg Berger, er ruhe in Frieden, tollt wie irre durch den Frankfurter Jubel. Ein Feuerwehrmann, der die Kurve in Brand gesteckt hat. Und Götze steht neben Löw, die Lippen des Bundestrainers ganz nah am Ohr, dann fliegt er hinein in die Flanke. Dann holt Deutschland den vierten Stern. Und am Ende läuft der Kaiser allein über den Rasen von Rom.

So legen sich die Erinnerungen übereinander, Geschichte in Schichten. So kommt noch einmal alles zurück. Und wir können die Momente vergleichen, die uns zu denen gemacht haben, die wir heute sind. Bekloppte, Anhänger, Schlachtenbummler. Erwachsene, die auch im Sommer noch Schal tragen, manche sogar Kutte dazu. Frauen, die sich unmögliche Farben ins Gesicht schminken. Männer, die in der Kneipe sitzen, selbst wenn draußen die Sonne noch scheint. In der Hoffnung, dass genau jetzt noch einmal etwas Großes passiert.

Denn die Szenen von damals, die schon gespielten Spiele, sie sind im besten Fall wie Musik. Sie bergen Gefühle. Ganz so, als hätten wir einen Teil von uns dort im Strafraum, im Jubel und im Schmerz, konserviert. Wir sind dann wieder so alt, so dumm oder auch so glücklich wie damals. Das Kopfkino, tatsächlich noch immer die geilste Konferenz der Welt. Weil sie uns gehört. Und weil sie niemals abgepfiffen wird. Es einfach immer weiter und dann auch gerne von vorne losgeht.

Unsere persönlichen Zeitlupen, jederzeit abrufbar.

Und damit auch die sowieso größte Unterhaltung.

Denn der Fußball, er schreibt noch immer die besten Geschichten.

DER TRITT

Die Möwen folgen dem Fischkutter,
weil sie glauben, dass die Sardinen
wieder ins Wasser geworfen werden.
ERIC CANTONA

Am 25. Januar 1995 verliert der König die Kontrolle. Es läuft die 48. Minute im Spiel zwischen Manchester United und Crystal Palace, als Eric Cantona kurz hinter der Mittellinie seinen Gegenspieler von den Beinen holt, aus Frustration. Und aus Rache. Weil er noch ein paar Rechnungen aus der ersten Hälfte zu begleichen hatte.

Cantona, auf dem Rücken die Nummer Sieben, wird unmittelbar vom Platz gestellt. Doch es vergehen noch einmal 50 Sekunden, ehe er tatsächlich Rot sieht. 50 Sekunden, angefüllt mit Gesten der Verachtung, Kopfschütteln, Abwinken. Cantona, längst außer sich, läuft langsam in Richtung Tribüne. Ein Abgang als große Show. Von den Rängen regnet es Beleidigungen. Das Stadion höhnt. Die Fernsehbilder wackeln. Cantona bebt. Kurz zeigt die Kamera seinen Trainer Alex Ferguson, dann den Schiedsrichter, in dessen Gesicht bereits eine Ahnung liegt.

Schließlich explodiert der Moment.

Cantona, plötzlich von niemandem zu halten, schon gar

nicht von der nur kniehohen Werbebande, springt mit beiden Beinen voran ins Publikum und erwischt einen der Zuschauer, den damals 20-jährigen Matthew Simmons, auf Brusthöhe. Ein Irrsinnstackling, vor allem aber ein gezielter Angriff. Denn Simmons, so wird es später in der Zeitung stehen, soll dem Franzosen kurz zuvor seine ganz persönlichen Abschiedsworte zugerufen haben. Mit besten Grüßen an die Heimat und die Mutter. Majestätsbeleidigungen.

Eric Cantona jedenfalls bohrt diesem Simmons seine Stollen in den Brustkorb, bleibt dabei hängen, fällt, rappelt sich wieder auf und schickt gleich noch ein paar wilde Hiebe hinterher, ehe er von einem Ordner und seinem Torwart Peter Schmeichel eingefangen werden kann.

Dann endet das Video.

Mehr als ein Vierteljahrhundert ist seither vergangen, doch die Bilder aus dem Selhurst Park haben nichts von ihrer Wucht verloren. In der großen Sammlung der Skandale, der Exzesse und durchgebrannten Sicherungen, hängt Cantonas Tritt heute gleich neben den Portraits von Paul Gascoigne, Roy Keane oder Vinnie Jones, neben all den Inselbegabungen, die auf dem Platz genauso zu Hause waren wie hinterher im Pub.

Er hängt dort neben Craig Bellamy, der seinen Mannschaftskollegen John Arne Riise während einer Sauftour mit einem Golfschläger verprügelt hatte, weshalb ihm später der vielleicht schönste, weil britischste Spitzname aller Zeiten verliehen wurde. The Nutter with the Putter. Auch das eine Auszeichnung. Bellamy, das kann man so sagen, hatte sich selbst zum Ritter geschlagen.

Und er hängt natürlich auch neben dem übergroßen

Wandgemälde, das Zinedine Zidane 2006 in Berlin mit der Stirn gemalt hat. Der Kopfstoß, Wut auf Öl.

Es sind Szenen, die überdauert haben.

Denn Bilder wie diese machen etwas mit uns.

Wer sich die Fernsehübertragung von damals heute noch einmal anschaut, wird erst vom Unglauben übermannt. Und dann von einer gierigen Faszination, die sich anschleicht.

Die alte Hexe Schaulust.

Die Kommentare unter den Videos erzählen davon. Cantona, dieser gallische Hahn, den Kragen jederzeit aufgestellt wie ein Kamm, hat Hass gesät, hier aber erntet er Applaus. Ganz so, als habe er gerade im Moment des Totalausfalls den Sockel seines Denkmals gegossen.

Classic, schreibt einer. King Cantona, ein anderer.

Die Verehrung für den König, sie ist mit der Zeit eher gewachsen.

Wir sehen ihn, den Sprung, den Wahnsinn in seinen Augen. Wir sind fassungslos, aber wir können uns nicht von ihm lösen. Weil wir genau darauf warten, weil es sich gut anfühlt, wenn die Männer da unten nicht mehr Herr ihrer selbst sind, wenn der Doktor zum Mister wird. Nicht mehr Gentleman nur, plötzlich Boxer auch. Wenn es knallt und zischt und dampft. Faust auf Faust. Wenn die ansonsten auf Hochglanz polierte Schale des Sportlers plötzlich Risse bekommt und sich dahinter das Menschliche offenbart. Das Hässliche, das Kaputte.

Dieser Einblick, dieses öffentliche Seelenlimbo, kitzelt uns an einer Stelle, die wir sonst verleugnen. Dann wird der Gang ins Stadion zum Schattenboxen mit den niederen Instinkten. Dann durchdringt uns etwas Schönschauriges.

Dann glimmt etwas in uns, Adrenalinspiegelneuronen.

Denn auf den Rängen sind wir dumm wie Brot und Spiele.

Aber noch etwas anderes stimmt. Der Abgrund, machen wir uns nichts vor, ist der vielleicht einzige Ort, an dem eine Begegnung plötzlich möglich erscheint, weil die Kreisliga dort von der Champions League nur noch einen Faustschlag, einen Fehltritt entfernt ist. Schau mal, Bruder, die sind ja auch nicht anders als wir. Schlagen ihn lang, schlagen über die Stränge.

Auch diese Typen, millionenschwer und vom Fußballgott mit Talent gesegnet, müssen morgens um fünf mit dem Schweinehund vor die Tür.

Zidane, das sagte er hinterher selbst, wollte im Berliner Olympiastadion die Ehre seiner Familie verteidigen. Weil Materazzi seine Schwester beleidigt hatte.

Was tatsächlich so klang, als hätte er, Weltfußballer und Werbeträger immerhin, gerade in einem Weddinger Käfig um eine Fanta und ein bisschen Gras gespielt und nicht zehn Kilometer entfernt im Olympiastadion um die Weltmeisterschaft.

Im öffentlichen Kontrollverlust, zwischen Häme und Mitleid, entsteht deshalb so etwas wie Nähe. Die großen Gefühle für den kleinen Mann. Wir können sie nachempfinden. Wir waren schon immer eher Rocky als Maske.

Eher McEnroe als Sampras.

Natürlich leiden wir mit den Helden, klatschen bierselig im Konfettinebel, zählen weiße Westen und hängen an sauberen Fassaden. Doch hinter jedem ordentlich gefalteten Lächeln lauert doch immer die Sehnsucht nach der dunklen Seite. Wir zittern mit John McClane. Und überlegen trotzdem, wie es wäre, mit Hans Gruber, der alten Schweinebacke, einmal um die Hochhäuser zu ziehen. Einmal über das

Ziel hinauszuschießen. Da sind wir moralisch gefangen zwischen Gut und Böse. 90 Minuten echte Gefühle.

Die echten Idole sind deshalb im besten Falle beides. Genie und Wahnsinn. Held und Schurke. In ihnen toben die Gegensätze und wir schauen ihnen gern dabei zu, stellen den Kragen auf und gockeln über den Ascheplatz, zahlen die rote Karte dann selbst. Kurzschlussoffensive.

Nun aber gibt es Profis, ehemalige Helden, die genau daran zerbrechen. Am Skandal. An der Wut, den Dämonen. Weil ihre Ausfälle irgendwann auf Schlagzeilenlänge zusammengestrichen werden. Zu Überschriften, die an den Namen haften bleiben. Ranzig und grell.

Pizzeria-Schlägerei, Dönerwurf, Negersaft.

Ihre Karrieren enden dann nicht selten im Dschungel. Zwischen Schlagerstars und Laiendarstellern, zwischen den Phantomen einer sehr deutschen Seifenoper. Wo sie, abgehalftert am Lagerfeuer, noch einmal eine ganz andere Schaulust bedienen, noch einmal ganz andere Prüfungen bestehen müssen.

Sie sind dann zu klein, um noch einmal aus dem Abgrund herauszuwachsen.

Andere aber sind schlichtweg zu groß, um wirklich Schaden zu nehmen.

So war es bei Zidane. So war es auch bei Cantona.

Denn der König, seien wir ehrlich, hätte danach eigentlich nie wieder Fußball spielen dürfen. Und die Journalisten, von ihm nicht selten zu Hofberichterstattern verzwergt, hätten ihn nur allzu gerne als Büßer gesehen. In einem Hemd ohne Kragen. Das Regelkorsett als Zwangsjacke.

Die Strafe als Knebel, das Maul endlich gestopft.

Ein Gericht verurteilte ihn am Ende zu 120 Sozialstunden. Der englische Fußballverband aber sperrte ihn lediglich bis September. Acht Monate nur.

Und Cantona kam zurück. Der Mythos hatte die Strafe überdauert.

Jahre später wurde er zum Premier-League-Spieler des Jahrhunderts gewählt. Und die Fans in Manchester sangen immer neue Lieder für ihren König.

2009 hat ihm der Regisseur Ken Loach einen eigenen Film gewidmet. *Looking für Eric*. Cantona, der sich selbst spielt, steht dort plötzlich im Raum, als wäre er aus seinem Poster gesprungen. Eine Erscheinung natürlich. Ein französischer Geist aus der Flasche, ein bezauberndes Genie. Und spricht im Laufe der Geschichte den vielleicht schönsten, weil treffendsten Satz seiner Karriere. Selbstironisch bis zur Ernsthaftigkeit, sein französischer Akzent schwer in den englischen Silben.

I am no man, sagt er also, I am Cantona.

Dann vergehen stille Sekunden, in denen seine Züge jede Härte verlieren.

Ein echtes Schauspiel.

Dann lacht er.

Im Sommer 2019 wurde Eric Cantona mit dem President's Award der UEFA ausgezeichnet. Unter anderem auch, so hieß es offiziell, für seine beispielhafte persönliche Tugend.

Noch Fragen? Nein.

Aber noch einmal die große Bühne.

Cantona, der mittlerweile einen grauen Vollbart und dazu meist eine graue Schirmmütze trug, sah dort oben aus wie der Veteran seines eigenen Krieges. Und hielt eine ebenso kritische wie kryptische Rede zur Gegenwart. Über die Wissenschaft, die Zellteilung, das Alter, Verbrechen und Kriege. Vielleicht, so der Gedanke, machte er sich einen Spaß, führte er nun die Zuschauer vor. Wie damals 1995, auf der Pressekonferenz nach seinem Tritt, nach den Urteilen. Als er sich erklären sollte, als alle eine Entschuldigung erwarteten, er stattdessen aber von Möwen und Fischkuttern sprach und die anwesenden Journalisten mit einem einzigen Gleichnis aus dem Gleichgewicht brachte.

Eine Improvisation des Impulsiven.

Oder aber, auch eine Möglichkeit, er hatte nun doch den Verstand verloren.

Genie und Wahnsinn, auf der Bühne nah beieinander.

Eric Cantona, auf der Bühne ganz bei sich.

Unten im Publikum saßen derweil Cristiano Ronaldo und Lionel Messi und starrten fragend in den Raum. Ihnen ging es wie allen anderen an diesem Abend.

Sie waren fassungslos, sie verstanden ihn nicht.

Aber sie konnten sich nicht von ihm lösen.

DIE LETZTE FLUCHT

Lutz war ein Junge, der das Leben mitgenommen hat, der sehr unbedarft war. Ich habe ihn immer wieder gewarnt.

JÖRG BERGER

In der Dunkelheit lauert etwas. Es ist kurz nach 23 Uhr in der Nacht des 5. März 1983, als ein schwarzer Alfa Romeo, Kennzeichen GF-EL 96, mit hoher Geschwindigkeit über die Forststraße in Braunschweig fährt. Der Asphalt ist nass vom Regen, die Bäume stehen dicht am Rand, am Steuer sitzt der Bundesligaprofi Lutz Eigendorf.

Er hat einen langen Tag hinter sich.

Am Nachmittag hatte er mit Eintracht Braunschweig zu Hause an der Hamburger Straße gegen den VfL Bochum verloren, den Abend dann in einer Kneipe verbracht.

Jetzt ist er auf dem Heimweg. Er wohnt nur wenige Kilometer entfernt.

An der nächsten Kurve aber verliert Eigendorf die Kontrolle über seinen Wagen, trägt ihn die Geschwindigkeit von der Fahrbahn, kracht er nahezu ungebremst in eine Ulme. Die Kabine des Alfa Romeo wird bis zur Beifahrerseite eingedrückt, Eigendorf erleidet schwere Brust- und Schädelverletzungen. Er hatte keine Chance, werden die Ermittler später sagen.

Vielleicht allerdings durfte er auch keine zweite bekommen.

In der Klinik, noch in den frühen Morgenstunden, werden 2,2 Promille Alkohol im Blut gemessen. Damit scheint die Sache klar, eine Tragödie schnell erzählt. Trunkenheit am Steuer, der Übermut eines jungen Mannes. Gerade einmal 26 Jahre alt.

Am nächsten Tag, 7. März 1983, stirbt Lutz Eigendorf.

Unmittelbar nach seinem Tod jedoch beginnt das Raunen, macht die Trauer gleich Platz für Gerüchte. War dieser Unfall tatsächlich nur ein Unglück, ein Ausrutscher des Schicksals? Oder war es doch eher Mord, eine gezielte, eine politische Aktion gegen den Bundesligaspieler Eigendorf. Den Verräter, wie sie ihn nannten. In ihren Akten und auf den Tonbändern. Jene Männer, deren weinrotes Trikot er seit der Jugend getragen hatte. War dieser Tod also eine Bestrafung, ein Akt der Rache womöglich für seine Flucht und all die Provokationen danach?

Das Vorspiel zu den Schlagzeilen jedenfalls, zu den Bildern mit Trauerflor, hatte nahezu auf den Tag genau vier Jahre zuvor begonnen.

Auf einer Auswärtsfahrt zum Klassenfeind.

Lutz Eigendorf, sie nannten ihn den Beckenbauer der DDR, hatte in Ost-Berlin für den BFC gespielt, jenen Verein, bei dem Erich Mielke auf der Tribüne saß und die Schiedsrichter von dort oben so lange im Auge behielt, bis ihm das Ergebnis gefiel. Abseits, das wussten die Leute in der DDR, war immer erst, wenn Mielke pfiff. Und Eigendorf galt nun mal als Lieblingsspieler des Stasi-Chefs, ein Vorzeige-Athlet, der schöne Posterboy der Republik.

Am 21. März 1979 allerdings war er nach einer Partie in Kaiserslautern und einem anschließenden Einkaufsbummel in Gießen erst seiner Mannschaft und dann der DDR abhandengekommen. Sie suchten ihn noch, die Mitspieler und die Spürhunde, die damals immer gleich mit im Bus saßen. Aber Eigendorf hatte sich abgesetzt und war mit einem Taxi zurück nach Kaiserslautern gefahren, wo er um politisches Asyl bat. Natürlich wurde er aufgenommen, der Geschäftsführer versteckte ihn in einem Haus im Pfälzer Wald, er wurde Jugendtrainer und debütierte, nach einem Jahr Sperre durch die UEFA, im Profikader des 1. FC Kaiserslautern.

Er spielte jetzt für andere Teufel.

Eigendorf hatte es in den Westen geschafft. Und für die Männer in Ost-Berlin war das, dieser erfolgreiche Seitenwechsel, natürlich die größtmögliche Schande, weil sie nicht nur einen ihrer Besten, sondern mit ihm auch ihr Gesicht verloren hatten.

Lutz Eigendorf war nicht der erste Republikflüchtling aus der DDR-Oberliga. Und er sollte bei Weitem nicht der Letzte sein. Nach ihm flohen, neben vielen anderen, auch Falko Götz und Dirk Schlegel, später sogar der WM-Held Jürgen Sparwasser und der Trainer Jörg Berger. Doch sein Abgang galt als besondere Angelegenheit. Er war die schallende Ohrfeige für Erich Mielke.

Der Stasi-Chef, so hieß es, erkannte in der Flucht seines einstigen Lieblings eine persönliche Kränkung. Eine Absage an die Idee seines Staates zudem. Einen Fehler im System, den es eigentlich nicht hätte geben dürfen. Eigendorf schien ihn mit jedem Sprint, jedem Pass zu verhöhnen.

Ein Ochs, den er als Esel durch die Arena führte. Unaushaltbar. Und die Häme des Publikums gab es als Untermalung natürlich gleich noch dazu. Spielte der BFC woanders, wieder auswärts beim Klassenfeind, schallte es zuverlässig von den Rängen.

Wo ist denn der Eigendorf?

Immer wieder.

Der Name auf fremden Trikots, Eigendorf auf fremden Plätzen, das alles war eine große, zu jeder Zeit sichtbare Vorführung. Auch deshalb ließ ihn die Stasi nicht aus den Augen. Lutz Eigendorf hatte sich im Westen eingerichtet, dort ein wirklich neues Leben begonnen. Und war ihr dennoch nicht entkommen. Im Gegenteil. Der lange Arm Mielkes reichte auch drüben bis hinein in die Nachbarschaft, in das unmittelbare Umfeld des Spielers. Die Mitarbeiter des Ministeriums verfolgten ihn, so sagte man gern, auf Schritt und Tritt. Sie waren da, rund um die Uhr. Bis zu 50 Personen hatte das MfS auf Eigendorf angesetzt. Schatten, die ihm gefolgt waren. Gummiohren, die an seinen Wänden klebten. Die Überwachung war nahezu lückenlos.

Selbst bei Eigendorfs Hochzeit, Oktober 1982, soll ein Spion im engsten Kreis gestanden haben. Wie Geier umkreisten sie den Fußballer. Kader und Kadaver.

Eigendorf, der zumindest einen Hauch gespürt haben musste, lebte bald in ständiger Panik vor dem MfS. Und ließ es sich dennoch nicht nehmen, Grüße nach drüben zu schicken. Immer wieder trat er im Fernsehen auf, übte Kritik an der alten Heimat und ermunterte andere Spieler öffentlich, ihm zu folgen. Im Westen warteten Wunder. Für Mielke und seine Männer war er damit selbst zum Klassenfeind geworden. Ein Kapitalistenliebchen. Auf Rosen gebettet, ein Dorn im Auge.

Am 21. Februar 1983 schließlich gab er dem *ARD*-Magazin *Kontraste* ein Interview, nur wenige Meter entfernt von der Berliner Mauer. Der antifaschistische Schutzwall diente als bewusst gewählte Kulisse. Lutz Eigendorf hatte eine Botschaft dabei, sie galt Ost-Berlin. Er trug ein weißes Hemd und eine gelbe Krawatte dazu. Mit der Grenze im Rücken, der Kamera ganz nah, wirkte er größer als sonst. Er war jetzt nicht mehr nur Fußballer, er stand dort als Unterhändler der eigenen Überzeugung. Seine Sätze, wohl gewählt, sollten auch eine Erklärung sein, für die Flucht vier Jahre zuvor.

Und so sprach er über die Gründe, den Westen. Über das Geld, das er als Berufsfußballer noch einmal verdienen wollte.

Aber ich glaube, sagte er dann, dass der Reiz, einmal in der Bundesliga zu spielen, wo doch an sich das Leistungsniveau wesentlich höher ist als in der DDR-Oberliga, doch sehr groß war. Und ich es einfach noch mal wissen wollte, mit 24, da Fuß zu fassen.

Es war ein kleiner Seitenhieb nur, ein Nachtreten vielleicht. Aber in den Amtsstuben des MfS wurden Eigendorfs Sätze als letztgültige Provokation verstanden. Ein Fanal. Es sollte Konsequenzen haben. Zwei Wochen später krachte der schwarze Alfa in die Ulme an der Forststraße.

Unfall oder Mord? Es ist die Frage, die geblieben ist.

Was genau in dieser Nacht des 5. März 1983 geschehen ist, konnte bis heute nicht vollständig rekonstruiert werden. Aber es gibt Anhaltspunkte und Theorien. Vermutungen, die sich gehalten haben.

In seinem Film *Tod dem Verräter* aus dem Jahre 2000 erzählt der Journalist Heribert Schwan die Geschichte dieser Nacht als gut durchdachtes und von langer Hand geplantes

Mordkomplott der Staatssicherheit. Nach dem Mauerfall war Schwan ein Papier in die Hände gefallen, auf dem neben dem Namen Eigendorf auch die Wörter Gase, Gifte und Verblitzen handschriftlich vermerkt worden waren.

Verblitzen war eine Vokabel der Stasi, ein kühles Chiffre, das einen Vorgang beschreibt, bei dem ein entgegenkommendes Fahrzeug aus der Dunkelheit heraus mit Fernlicht geblendet werden sollte. Ziel war es, den Fahrer zu verwirren, damit er die Kontrolle über sein Fahrzeug verliert. Das plötzliche Gleißen zwischen den Bäumen. Glaubt man Schwans Rekonstruktion, dann ist Lutz Eigendorf nach seinem Kneipenbesuch im Gegenlicht der Stasi von der Straße abgekommen. Der Historiker Andreas Holy stützt diese These, hat aber noch eine weitere Erklärung für den Kontrollverlust dieser Nacht, für die Geschwindigkeit auf regennasser Fahrbahn, für den absurd hohen Alkoholwert, den die Ärzte später in Eigendorfs Blut feststellen sollten.

Ich schätze, sagte er dem Magazin *11FREUNDE*, dass Eigendorf von MfS-Agenten zunächst entführt und dann eventuell vergiftet wurde. Vielleicht mit einer Spritze oder oral.

Es sei wahrscheinlich, dass Eigendorf von seinen Entführern eine große Menge Alkohol eingeflößt wurde, ehe sie ihn laufen ließen und er unter Todesangst in den Wald fuhr. Dann verfolgten sie ihn. Die Bedrohung im Rückspiegel.

Auch Andreas Holy kannte den Vermerk in Eigendorfs Akte. Konnte sich an die Wörter, kaltblütiges Gekritzel, noch deutlich erinnern. Unfallstatistiken? Von außen ohnmächtig? Verblitzen, Eigendorf, Narkosemittel. Die Staatssicherheit, wusste Holy, hat sich detaillierte Gedanken gemacht, wie man Eigendorf etwas anhaben kann.

Nach seinem Interview an der Mauer, damals 1983, soll Erich Mielke tatsächlich auch den Mord an Eigendorf, die Liquidation des Verräters, befohlen haben. Die Hetzkampagnen in BRD-Massenmedien, so lautete die inoffizielle Begründung, sollten sich nicht wiederholen.

Die Motive waren klar, sie lagen auf eiskalten Händen. Und doch konnte auch diese Order von ganz oben nie endgültig bewiesen werden. Die Stasi-Männer, sie trugen, noch über dem Trenchcoat, einen dicken Mantel des Schweigens, an dem, kugelsicher und abwaschbar, weder Moral noch Blut zu haften schienen.

Nur für einen kurzen Augenblick, im Jahr 2010, schimmerte etwas hindurch, gab es tatsächlich einen Verdächtigen, schien der Fall doch noch lösbar. Da erklärte der ehemalige DDR-Boxer Karl-Heinz Felgner vor Gericht, damals einen Mordauftrag erhalten zu haben. Auch wurde ihm, Deckname IM Klaus Schlosser, nach dem Tod Eigendorfs eine Prämie überwiesen. Nur habe er diesen Auftrag nie ausgeführt.

Ich sollte ihn umbringen, sagte Felgner, habe es aber nicht getan.

Eine Sackgasse. Hier enden die Spuren. Eine Obduktion Eigendorfs hat es nie gegeben, auf eine Exhumierung wurde verzichtet.

Vor einiger Zeit ließ sich Hans-Jürgen Grasemann, 1983 als Oberstaatsanwalt mit dem Fall betraut, noch einmal zum Tode Lutz Eigendorfs befragen. Unfall oder Mord?

Ich rechne nicht mit einer Aufklärung, sagte er da, es wird eine Legende bleiben.

APRILSCHERZE

Noch nie hätte ein Tor
einem Spiel so gutgetan.

MARCEL REIF

Sie hatten etwas anderes erwartet. Einen Anpfiff, ein Halbfinale. Die ganze Dramatik eines europäischen Abends unter Flutlicht. Die Hymnen, die Champions.

Alle Interviews sind bereits geführt, alle Einspieler und Vorberichte gesendet worden, an diesem 1. April 1998 im Estadio Bernabéu, wo der Gastgeber aus Madrid auf den Titelverteidiger aus Dortmund treffen soll. Auf den Zetteln, die neben den Mikrofonen liegen, stehen die Aufstellungen, die Namen der Spieler, die gleich den Unterschied ausmachen könnten. Raúl vielleicht, Morientes wohl auch.

In der Kurve toben die spanischen Fans, ultralaut. Die Tribüne vibriert, etwas liegt in der Luft. Noch 90 Sekunden, dann werden diese 90 Minuten endlich beginnen.

Marcel Reif, für *RTL* an seinem Sprecherplatz, wird von Vorfreude durchströmt.

Er hat, das wird er später sagen, richtig Lust auf dieses Spiel. Die große Bühne. Champions League, das ist auch nach all den Jahren immer noch etwas Besonderes. Er ist, wie immer, genau vorbereitet. Es kann, es muss jetzt losgehen.

Dann aber, rechter Bildrand, fällt eines der beiden Tore einfach um, brechen die Streben unter dem Druck der Tribüne, dem wilden Wippen der Erwartung. Wie entwurzelt liegt es im Strafraum.

Und es beginnen 76 Minuten Fernsehgeschichte.

Denn während der Schiedsrichter die Mannschaften in die Kabine schickt, stellt *RTL* dem Reporter Marcel Reif den Moderator Günther Jauch an die Seite. Weil in der Redaktion niemand weiß, ob die plötzliche Leere mit Werbung gefüllt werden darf, sollen die beiden einfach weiter kommentieren, beschreiben, was jeder sehen kann.

Das Chaos als absurdes Theater.

Männer, die in Ösen greifen, Kanthölzer und Werkzeuge herbeitragen, nutzlose Gegenstände. Männer, die das Netz hektisch flicken, als müssten sie noch in der Nacht einen großen Fang machen. Jauch und Reif, wie vom Zufall in diese Szene gespült, wissen auch nicht so recht.

Erst versuchen sie noch, sich in die Statistiken zu retten, aber es hilft nichts. Unten auf dem Rasen läuft die spanische Improvisation. Und oben auf den Sprecherplätzen fallen die beiden aus ihren Rollen, werden albern. Sie kichern, sie schaukeln sich hoch.

Auf dem Bildschirm trägt nun ein wohlbeleibter Mann einen Hammer von rechts nach links. Aber was heißt das?

Wenn der jetzt hinten in seinem Kämmerchen, in seinem Keller ein Tor baut, sagt Reif, dann ist er der Held von Madrid.

Jauch nickt ins Mikrofon. Der Mann mit dem Hammer läuft an einem Ford-Emblem vorbei, am Playstation-Schriftzug, verschwindet dann.

Wer auf der Seite übrigens die Werbebanden gebucht hat, sagt Jauch, Glückwunsch.

Dann ist eigentlich Halbzeit. Dann wollen die beiden mit Jürgen Kohler sprechen, aber Jürgen Kohler antwortet nicht. Und ihre Hilflosigkeit gebiert einen Humor, der am Galgen hängt. Es sind Pointen aus dem Nichts, aus der schieren Verzweiflung heraus, Aprilscherze.

Jauch und Reif wissen nicht, was sie sagen sollen, und sprechen deshalb einfach weiter.

Für alle die, die nicht rechtzeitig eingeschaltet haben, sagt Jauch irgendwann, das erste Tor ist schon gefallen.

Noch nie, sagt Reif später, hätte ein Tor einem Spiel so gutgetan.

Vielleicht, so der Gedanke im Rückblick, wurde Live-Fernsehen genau für solche Momente erfunden. Für das Unerwartete, das Nichtplanbare, die Ausraster und Umfaller.

Für Klaus Kinski, der bei Reinhard Münchenhagen auf dem Sessel sitzt und einem Zuschauer empfiehlt, besser das Maul zu halten.

Je später der Abend, jedes Wort eine Peitsche.

Für Bernd Fritz, den *Titanic*-Chefredakteur, der als Thomas Rautenberg an Buntstiften leckt. Daneben Thomas Gottschalk, ganz nach seinem Geschmack.

Und für ein Tor, das einfach so zusammenbricht. Unter den Erwartungen der Zuschauer. Unter den Augen der Welt.

Das sind die Abende, die Nächte, die bleiben.

Jauch und Reif haben damals einfach weiter- und damit, gar nicht so einfach, aus dem Nichts das Beste gemacht. Und es war ihnen, aus dem Bauch und aus dem Staunen heraus, gelungen, den richtigen Ton zu treffen. Ihr entfesseltes Hinundher war Jazz im besten Sinne. Ein Quotenhit zudem. Mehr als zwölf Millionen Menschen schauten mit den beiden auf ein Tor, das schon gefallen war, nur die Hälfte blieb noch für das anschließende Spiel. Denn was, bitte schön, hätte da noch kommen sollen?

Später bekamen Jauch und Reif für diese 76 Minuten den Bayerischen Fernsehpreis.

Der Abend in Madrid war, und vielleicht stimmt das sogar, der unwahrscheinliche Höhepunkt ihrer Laufbahn. Trotz all der Prominenz, die noch folgen sollte.

Jauch und Reif haben uns hinterher, jeder für sich, durch die Jahrzehnte begleitet. Durch die sogenannten Nuller und Zehner, waren immer irgendwie dabei.

Der eine als Rateonkel und Gefühlsgastgeber, der jede Frage kannte und auch jede Antwort wusste, der Millionäre machen durfte und dabei selbst einer wurde. Der andere als Ballerklärer, als intellektuelle Instanz eines Spiels, das in den 22 Jahren seitdem vom schmuddeligen Rand der Gesellschaft in ihre Mitte getragen wurde, plötzlich Märchen schrieb und zu Gast sein durfte, bei Freunden.

Jauch und Reif, sie sind, wenn man so will, die Pfosten, an denen man das große Zirkuszelt des Privatfernsehens aufspannen kann. Sie kennen die Manege und das Publikum kennen sie auch.

2001, als die Flugzeuge ins World Trade Center geflogen waren, stand Günther Jauch auch am Ende dieses Jahres in Anzug und Krawatte im Studio und blickte mit seinen Gästen zurück. Menschen, Bilder, Emotionen.

2001, als die Bayern dann doch die Champions League holten, saß Marcel Reif mit voller Blase in seinem Lieblingsstadion San Siro in Mailand und musste mit Effenberg ins Elfmeterschießen.

Er kommentierte schließlich im Stehen.

Kahn, die Bayern.

Jauch und Reif, die sich Ende der 80er-Jahre beim *ZDF* kennengelernt hatten, waren im Chaos von Madrid ein letztes Mal zusammengekommen. Danach aber, als das Tor wieder stand, haben sich ihre Wege getrennt. Ihre Karrieren verliefen nun weit entfernt voneinander. Mit und ohne Ball.

Für Jauch war der Rasen, war das Stadion ohnehin nur immer eines von vielen Feldern gewesen, das er bespielen durfte. Im Radio hatte er Platten aufgelegt, bei *RTL* Schicksale verhandelt, auf dem Boulevard getanzt. Dann bekam er die Sendung mit der Million und wurde später auch Polit-Talker in der *ARD*. Ging beides.

Günther Jauch ist ja selbst ein 50:50-Joker.

In den 90ern aber, das vergisst man mitunter, war er der bemitleidenswerte Fußball-Clown, der zu vorgerückter Stunde bei *Wetten, dass..?* auf den Stadthallen-Schirm geholt wurde, um schon mal Werbung zu machen für sein *Aktuelles Sportstudio*, das irgendwann im Anschluss laufen sollte. Jauch grüßte dann freundlich in den Saal, im Rücken die Torwand, und lächelte tapfer, wohl wissend, dass Thomas Gottschalk, sein alter Kumpel aus dem Radio, auch diesmal wieder 45 Minuten überziehen würde. Jauch und seine Torwand wurden dann meist nach der Außenwette, dem TED und den Blumensträußen gesendet, oft weit nach Mitternacht.

Vielleicht hat er sich diesen Sendeplatz, trotz 92 Auftritten unter der großen Uhr, selbst nie verziehen. Vielleicht war es aber auch einfach irgendwann gut mit dem Fußball. Oder Jauch, Profi eben, wusste genau, dass es viel besser als in Madrid nicht mehr werden würde. So oder so. Er hat längst eine sichere Distanz zwischen sich und das Spiel gebracht.

Marcel Reif hingegen ist dem Fußball auch danach mit einer selten gewordenen Ernsthaftigkeit und einer geradezu holzvertäfelten Gravität begegnet wie vor ihm allenfalls der große Ernst Huberty. Und es gab Abende, gerade in der Champions League, wieder im europäischen Flutlicht, da war nicht klar, ob es nicht doch um mehr ging als nur um den Ball. Dann fand er Worte, die klangen, als würde er gerade nicht in seinem Kommentatorenkabuff sitzen, sondern in einem Einbaum auf dem Mekong, vor ihm im Dickicht nicht die Roten Teufel, sondern die Roten Khmer. Da traf dann der Fußball auf die Zeitläufte, die großen Themen, Marcel Reif-Ranicki, Mehmet Scholl-Latour.

Diese Haltung hat er in die Gegenwart hinüberretten können, Reif ist heute seine eigene Erzählung, eine Figur, die dem Fußball gehört. Und oft ist gar nicht mehr klar, wer eigentlich zuerst da war.

Marcel Reif, das lässt sich so sagen, kommt vom Fußball nicht los. Auch wenn sich seine Rolle verändert hat. Er ist jetzt nicht mehr Reporter, er ist jetzt auch Experte. Was immer so klingt, als wäre er vom Mikrofon weggelobt worden.

So geht er nun sonntagvormittags immer öfter in den *Doppelpass*, diese launige Schunkelbude auf *Sport1*. Sitzt dann dort, die nackten Füße in schlanken Slippern, als wäre das zugige Foyer des *Hilton* am Münchner Flughafen der vielleicht unterschätzteste Countryclub der Republik, sein Salon der schönen Sprüche. Sitzt da aber auch als einer, von dem längst alle wissen sollten, dass er neben dem Bökel- auch den Zauberberg kennt. Seine ganz persönliche Manndeckung.

Mitunter, wenn neben ihm dann wieder Reiner Calmund schnauft, oder, schlimmer noch, Mario Basler, wirkt er irritierend fehl am Platz, wie einer, der sich verlaufen hat, der eigentlich zu Maxim Biller wollte oder zu Thea Dorn, aber jetzt doch wieder bei Thomas Helmer gelandet ist, obwohl er eigentlich zu alt ist für den Schweiß.

Es muss ihm sehr ernst sein, dass er bereit ist, so viel Spaß zu ertragen. Denn Reif, der sein buntes Selbstverständnis neuerdings gerne mit gedeckten Rollkragenpullovern kombiniert, war in seiner Karriere eher selten der Humorbeauftragte des Senders.

Der Quatsch von Madrid, dieses grobe Gefasel, das hat er in Interviews später immer wieder betont, war ihm nie ganz geheuer gewesen. Das Alberne, das Selbstvergessene daran hat ihn immer gestört, ganz so, als hätten ihn damals Millionen Deutsche in der Jogginghose auf der Couch erwischt, in der einen Hand eine Dose Pils, die andere lässig im Bund. Als hätte er sich, in einem Moment der Schwäche, gehen lassen. Als wäre er, der sonst immer akkurate Reporter, im Durcheinander ungeschminkt zum Pausenclown geworden.

Manchmal scheint es, als müsste er auch jetzt noch dagegen anspielen, die Sache wieder geradebiegen, mit einem lächerlichen Hämmerchen in der Faust.

Ein Philosoph, dem nur ein Kantholz geblieben ist.

Günther Jauch hat die Witze von Madrid vor einiger Zeit als Unsinn bezeichnet, der ganz schnell, ganz schlecht gealtert ist. Nur waren ihm die Dinge, vor allem jene im Fernsehen, schon immer weit weniger peinlich gewesen. Wenn es ulkig wird oder heikel sogar, dann bläst er die Backen auf. Das hat er trainiert. Und während Marcel Reif wieder in München saß, um am linken Bildrand über Herrentagswitze hinwegzulächeln, hat sich Jauch im ersten Lockdown, dieser Geisterspielzeit, gleich freiwillig in die öffentliche Isolation verabschiedet.

Zusammen mit Thomas Gottschalk, der seit 20 Jahren versucht, seine Frisur über die Zeit zu bringen. Und mit Oliver Pocher, den Harald Schmidt schon vor zehn Jahren als miese Type bezeichnet hatte. Die drei sollten eine virtuelle Wohngemeinschaft bilden, um über das Virus und die Angst zu sprechen, sie hatten dann aber vor allem Technik-Probleme und fielen sich gegenseitig in die Sätze. Diese sogenannte *Quarantäne-WG* wurde schließlich, nach nur drei Ausgaben und unmittelbar sinkenden Quoten, wieder abgesetzt. So stieß Jauch, wie es die *Spiegel*-Autorin Anja Rützel formulierte, in diesem doch zu klein gemauerten Fensterchen an die Grenzen des Vertalkbaren. Und saß bald wieder allein in seinem Potsdamer Fahrradkeller.

RTL, willkommen zu Hause.

In jenen Tagen, irgendwo zwischen 500 und 32 000 Euro, wurde Jauch von einem seiner Kandidaten gefragt, was er denn mit der Million machen würde. Zu den anderen legen, sagte er.

Das Publikum applaudierte. Günther Jauch, das haben Umfragen gezeigt, könnte längst auch Bundeskanzler werden. Oder Präsident. Oder beides. Noch mal was anderes machen. Jauch allerdings hat es sich bequem gemacht im Studio, in den vertrauten Kulissen.

Bald ist wieder Jahresrückblick, dann wird er eine andere Krawatte tragen.

Jauch und Reif, sie sind also immer noch da. Immer noch auf Sendung.

Und im Grunde geht es ihnen wie dem Historiker Guido

Knopp in dieser wunderbaren Strophe des Liedermachers Rainald Grebe.

Er wohnt im deutschen Fernsehen, heißt es darin, er wurde dort geboren. In einer WG mit Adolf Hitler und anderen Senioren.

Meine Frau, hat Jauch der *ZEIT* einmal erzählt, sagt immer: Finde den richtigen Moment, um Abschied zu nehmen. Aber was ist der richtige Moment?

Jauch und Reif, der eine 64 jetzt, der andere 71 erst, es kann sein, dass sie genau dort für immer bleiben werden, im deutschen Fernsehen, in dieser Wohngemeinschaft der Wiederholungen.

Die Sendeplätze als Alterssitze. Bis es keine Fragen mehr gibt, bis alle Antworten aufgebraucht sind. Legenden, die mit den Jahren ihre eigenen Maskottchen geworden sind. Mit einem Glas Wasser neben dem Monitor, mit einem alkoholfreien Clausthaler auf dem Beistelltisch, dann gehen sie in die Werbung. Jeder für sich. Das sind die Momente, in denen man ihnen wünscht, dass doch noch mal etwas Großes, etwas Unvorhergesehenes passiert.

Und wenn es nur ein Tor ist, das umfällt.

ZUCKERHÜTCHENSPIELER

Marcelo war von vielen Großen der Größte bei Hertha.

DIETER HOENESS

Ohne Samba kein Fußball.

MARCELINHO

Es gibt Momente im Fußball, in denen sich eine ganze Karriere zu einer einzigen Szene verdichtet.

Eine Parade aus allen Paraden, ein Pass aus allen Pässen.

Ein Tor, das alle Tore kennt.

Ein Geistesblitz für ein ganzes Gewitter.

Dann entstehen Bilder, die sich auf die Netzhaut brennen, während das Publikum seinen Augen nicht traut. Neuer gegen Benzema, Owen gegen Argentinien, Roberto Carlos gegen jede Physik.

Oder eben Marcelinho gegen Richard Golz, 9. April 2005.

Es ist ein Konter, ganz früh schon. 28. Spieltag, 6. Minute. Freiburg ist Schlusslicht, Hertha auf dem Weg nach Europa. Angetrieben von einem Brasilianer, der etwas gutzumachen hat. An der Seite wachsame Blicke, offene Rechnungen auch. Und Marcelinho bekommt den Ball an der Mittellinie, weit entfernt noch von allem. Fast wird er abgedrängt, fast gerät er ins Straucheln. An seiner Seite Ibertsberger, ein Mitläufer nur. Dann hebt er den Kopf, und das Spiel gehört ihm. Eine Sekunde in allen Sekunden.

Richard Golz, Freiburgs Keeper, steht ein Stück zu weit vor seinem Tor. Gänzlich ahnungslos vor der Ostkurve, längst selbst Zuschauer. Und Marcelinho, im Spann genug Überzeugung und ganz sicher noch mehr Gefühl, schießt. Die Flugkurve ab jetzt schönste Ballistik. Ein Zustand, unhaltbar. Dann der Jubel. Auf den Rängen offene Münder.

Ich werde nie vergessen, hat Marcelinho später in einem vereinseigenen Interview erzählt, wie das Olympiastadion gebebt hat. Das war richtige Samba-Stimmung.

Ein Wahnsinn. Und oben auf der Tribüne halten die Reporter ein Maßband an das Staunen.

48,3 Meter. Das unmittelbare Ergebnis, über die volle Distanz, es ist bei ihm geblieben seither. Ein Kunstwerk auch, das noch heute im Raum steht, als hätte es der Zeugwart an die Kabinentür genagelt.

Marcelinho, am 17. Mai 1975 als Marcelo dos Santos in Campina Grande geboren, war fast 30 Jahre lang Profi. Er hat bei über 20 Vereinen gespielt und die Nationalmannschaft seiner Heimat zur WM geköpft. Er hat in 193 Einsätzen für Hertha BSC 79 Tore geschossen und auf dem Feld und auf den Rängen eine Lücke hinterlassen, die seither niemand so richtig schließen konnte. Doch als er im April 2020 seine Karriere beendet hatte, 15 Jahre nach seinem Streich gegen Freiburg, da erinnerten sich die Hauptstadtzeitungen natürlich wieder an die Zahl seines Lebens.

Das alte Maßband, es lag ja noch in der Schublade, irgendwo zwischen Klinsmanns Tagebuch und einem abgetretenen Außenspiegel. 48,3 Meter, hier in Berlin, im Westen zumindest, entspricht das in etwa einem Marcelinho. Es ist die Einheit, in der man das Spektakel bemisst.

Jene Distanz zwischen Vergangenheit und Gegenwart des Vereins. Ein Marcelinho, das sind mindestens zwei Cunhas und ganz sicher 16 Michael Preetz. 48,3 Meter, alles andere ist bloß Statistik. Marcelinho, seine Laufbahn war nun wieder einen Augenblick lang. Eine ganze Karriere auf einem halben Feld. Ein Schuss, Wehmut darin.

48,3 Meter, das ist aber auch die Geschichte, die vor allen anderen steht, weil sie vom Talent erzählt und vom Genie. Erst dahinter, mit etwas Abstand, folgen die anderen. Eine immer leicht entrückte Entourage aus funkelnden Anekdoten und mit Pailletten besetzten Begebenheiten, tanzbaren Exzessen und leicht angetrunkenen Halbwahrheiten.

Heimwehwehchen eines Hochbegabten.

Aber der Reihe nach.

Marcelinho, der auf seiner ersten Station in Europa, 21 Spiele für Olympique Marseille, wenig Eindruck hinterlassen hatte, war bereits 26 Jahre alt, als er 2001 nach Berlin kam. Kein Talent mehr, aber auch kein echter Star. Bei Gremio Porto Alegre hatte er an der Seite, aber auch im Schatten von Ronaldinho gespielt, seinem fünf Jahre jüngeren Landsmann, der im selben Sommer nach Paris wechseln sollte. Dieter Hoeneß allerdings, früher selbst Stürmer beim FC Bayern und nun Manager bei Hertha BSC, traute Marcelinho durchaus zu, den immer etwas unterspannten Angriff der Berliner entscheidend zu beleben. Hoeneß, sonst nicht unbedingt als Trüffelschwein bekannt, glaubte an diesen Transfer, eine Wiederentdeckung womöglich, und überwies sieben Millionen Euro nach Brasilien.

So wurde Marcelinho der vielleicht prominenteste Vertreter einer neuen Berliner Offensive.

Denn Hoeneß, immer auch im Schatten seines großen Bruders, wollte Hertha BSC in jenen Jahren tatsächlich zum Topklub umbauen, dem FC Bayern seine immer noch gigantische Stirn bieten, am Ende mit der Schale durchs Brandenburger Tor fahren. Das war sein Traum. Dafür aber musste er dem Verein, blauweißgraue Maus, zunächst eine neue Identität verpassen. Ein Image, das die Leute ins Stadion locken konnte. Weshalb er, gleich nach dem Aufstieg 1997, eine Reihe Spieler in den Westen holte, die den Fußball noch im Osten gelernt hatten. Die verlorenen Söhne, aus Berlin und dem erweiterten Umland. Andy Thom, Paule Beinlich, Dariusz Wosz. Halle, Bergmann-Borsig, BFC Dynamo. Alte Helden, Ostrock für die Ostkurve.

Anschließend dann erweiterte Hoeneß diesen doch eher hemdsärmeligen Kader um eine südamerikanische Note. Samba-Kicker, schrieb der Boulevard.

Da war gleich Musik drin.

Wobei ihm hier ganz offensichtlich die Transferpolitik von Bayer 04 Leverkusen als Vorbild diente. Dort nämlich hatte Reiner Calmund, beste Verbindungen nach Rio, über Jahre hinweg echte Zauberer aus seinem, das Bild muss an dieser Stelle erlaubt sein, doch sehr ergiebigen Zuckerhut gezogen. Tolle Tänzer. Calmund nannte sie, liebevoll linksrheinisch, Schokoboys. Und verdiente am Ende auch mit ihnen süße Millionen.

So kaufte Hoeneß, selbst gerne Manager im XXL-Format, zu Beginn der passenderweise auch sogenannten Nullerjahre gleich eine ganze Handvoll Brasilianer. Vermeintliche Stars, gelegentliche Attraktionen, manche galten als Königstransfers. Sie sollten die weite Welt simulieren, Glamour und Galao. Sie sollten der alten Dame, dieser doch etwas in die Jahre gekommenen Tante aus dem Westend, über die Schwelle helfen. Nicht selten allerdings wirkten sie fehl am Platz. Irrtümer eines Klubs, dem es trotz seiner Hauptstadtlage bis heute immer wieder gelingt, unangenehm provinziell zu bleiben. Altbackenfutter. Viele Zugänge dieser Jahre sind in Vergessenheit geraten, Fußnoten des Fußballs. Echte Hertha-Fans aber, das Leiden gewöhnt, können sie noch auswendig aufzählen. Ipanema-Qualitäten.

Luizao, der angeblich irgendwann irgendwo Weltmeister geworden war. Gilberto, von dem wenig Tore und noch weniger Worte geblieben sind. Oder, jaja, Nené.

Und natürlich, unvergessen, Alex Alves. Dieters erste Diva. Lange Rekordeinkauf des Vereins. Ein irgendwie schräger Vogel, der das Paradies irgendwann verlassen und, durch einen Irrtum vielleicht, auf Umwegen ganz sicher, im Berliner Olympiastadion gelandet war, wo er nach jedem Tor Capoeira tanzte, selbst der Jubel ein Kampf.

Auch er hatte einst von der Mittellinie getroffen, lange vor Marcelinho. Gegen Köln, aus dem Anstoßkreis heraus, Tor des Jahres 2000. Zu einer Zeit also, als das Stadion noch Baustelle war, eine zugige Schüssel ohne Dach. Auf den Bildern von damals liegt die Gegentribüne in Trümmern. Ein Sinnbild womöglich. Denn mit Alves, der eine fast obszöne Vorliebe für Pelzmäntel besaß, hatte der Verein mitunter alle Hände voll zu tun. Mal kam er als Rotkäppchen zur Weihnachtsfeier, mal kam er mit Fußpilz aus der Dusche. In Berlin aber kam er nie richtig an. Ihm fehlte die Sonne, die Zuneigung auch. Jemand, der ihm die Regeln, das Wetter, dieses Deutschland an sich hätte erklären können.

Der Verein aber, noch unerfahren im Umgang mit brasilianischen Befindlichkeiten, ließ ihn zu oft allein.

Mit sich und der Stadt.

In einem der ersten Winter, so geht eine Geschichte, Hörensagen auf den Fluren der Redaktionen, hatte Alves in seiner Wohnung, einem Loft an der Reichsstraße, nicht weit weg vom Mittelkreis des Olympiastadions, eine meterlange Feuerschale aufgebaut. Weil ihm kalt geworden war, an einem der sehr langen, sehr dunklen Nachmittage. Und weil ihm noch niemand erklärt hatte, was eine Zentralheizung ist. Die Einsamkeit als Brandbeschleuniger. Nach drei Jahren ging Alves, der bereits 2012 an den Folgen einer Knochenmarkserkrankung gestorben ist, zurück nach Brasilien. Er blieb ein Missverständnis, er blieb trotz allem im Gedächtnis.

Hertha und die Brasilianer, die *Süddeutsche Zeitung* nannte es einmal eine sonderbare Beziehung.

Hertha und Marcelinho, das funktionierte jedoch.

Die Zeit bei Hertha, hat Marcelinho dem Berliner *Tagesspiegel* vor einigen Jahren erzählt, war die beste in meiner Karriere.

Der Verein und der Künstler, es war eine eher unwahrscheinliche Liebe. Und doch passten sie, die neue Diva und die alte Dame, auf eine herrlich verschrobene Art wunderbar zueinander.

Marcelinho, da muss man nur in die Archive schauen, war der vielleicht brasilianischste Brasilianer, den diese Stadt bis dahin hatte kennenlernen dürfen, mitunter erschien er wie ausgedacht. Ein tanzendes, feierndes, manchmal Tränen vergießendes Klischee. Als hätte der große Pelé einen Statthalter in die Hauptstadt entsandt. Vor allem aber brachte er, sofort Spielmacher, sofort Topscorer, das Staunen zurück. Diesen seltenen Stolz, Herthaner zu sein. Das Olympiastadion, mit ihm vorneweg, auch vom Rang aus gut sichtbar, war nun tatsächlich Bühne. Und die Leute kamen, um zu schauen, was es diesmal gab. Der Fußball dort plötzlich ein anderes Spiel. Sein Trikot aus jener Zeit, Arcor auf der Brust, ist heute Sammlerstück.

Mit Marcelinho, so geht die Erzählung, waren wir ganz kurz ganz oben dran. Mit Marcelinho, Zuckerhütchenspieler, lag der Ku'damm gleich an der Copacabana. Mit Marcelinho, Weltstar an der Spree, lag Charlottenburg plötzlich ganz nah an Europa. Er allein, so schien es, hatte der sonst so hüftsteifen Ostkurve, in der Schunkeln schon als Tanz gilt, einen Rhythmus verpasst. Weil plötzlich beides möglich war. Samba und Zander.

Und selten ging er als erster nach Hause, auch dafür liebten sie ihn. So wurde er der Star, nach dem sich diese Stadt gesehnt hatte, extravagant und vulgär gleichermaßen.

Ein Goldfasan, schrieb der *rbb*, unter Haushühnern.

Eine wunderbar treffende Zeile, darin schon die ganze Zoologie dieser Zeit. Weil hier ein Verein, das Maskottchen ein Bär aus künstlichem Fell, die Kuttenträger in der Schlange immer schon stolze Frösche, tosend Beifall klatschte, während ein bunter Hund den Partylöwen gab.

Hertha und Marcelinho, das war das Geheimnis dieser sonderbaren Beziehung, hielten einander aus. Der Brasilianer ertrug die sibirischen Winter, die sprichwörtliche Russenpeitsche, den gefrorenen Rasen. Dann zog er sich Handschuhe über und zauberte trotzdem, tollte durch die Verteidigung der Gäste wie durch den ersten Schnee. Man konnte vom Zusehen allein eine Gänsehaut bekommen.

Und die Berliner wiederum ließen ihn machen, am Abend danach, wenn er, so hieß es hinterher gerne, noch in die Disco ging. Den ganzen Hofstaat dabei, um das Heimweh zu betäuben, mal mit Musik und mal mit Cachaça.

Seine geschlossene Gesellschaft, ein offenes Geheimnis.

Geschichten aus dieser Zeit, jede für sich Legende genug, erzählen von langen Nächten am Limit, von der Lebensfreude, die oft mit Übermut verwechselt wird.

Oder umgekehrt.

Marcelinho aber brauchte die Feiern, die Freunde und Freunde von Freunden, diese Rudelbildung gegen die Sehnsucht. Und die Zeitungen in der Hauptstadt, sie lebten von ihm. Schrieben seinen Namen erst in die Torschützenliste und dann in die Klatschspalten.

Immer auch Augenzeugenberichte.

Sonntags, erklärte sein ehemaliger Mitspieler Andreas Neuendorf in der *BZ*, war ja immer sein Party-Tag. Da ging er in seinen Stammladen, setzte sich auch mal ans Schlagzeug und hoch die Tassen.

Ab und zu kam Ailton vorbei, Kugelblitzbesuche.

Marcelinho, der das Geld, das er mit den Füßen verdiente, anschließend mit beiden Händen wieder ausgab, hatte zwischendurch ein gutes Dutzend Freunde in Berlin untergebracht, in drei Wohnungen am Theodor-Heuss-Platz.

Mit den Leuten, die er versorgte, erzählte der ehemalige Pressesprecher Hans-Georg Felder der *BILD*, hätte man Herthas Mannschaftsbus vollmachen können.

Mit ihnen, seiner bald berüchtigten Entourage, zog er durch die Samba-Läden der Stadt, wurde mal im *Ipanema* gesehen, mal im *Contraction*, einem Club im S-Bahnhof Tiergarten.

Am liebsten aber und immer wieder sonntags ging er ins *Taba* in Berlin-Mitte, Torstraße 164, das einem Pathologen aus Reutlingen gehörte.

Samba, bis der Arzt kommt, schrieb die *BZ*.

Ich war ihr bester Kunde, sagte Marcelinho dem *Tagesspiegel* später.

Marcelinho, nimmermüde, hatte den Karneval nach Berlin gebracht.

Im Februar 2003 etwa, ließ er seine Lieblingsband einfliegen, sieben Kumpels aus Campina Grande, die sich selbst *Manha de Samba 100% Marcelinho* nannten, und saß dann tatsächlich mit auf der Bühne, lächelnd an den Trommeln. Der Fußball allenfalls im Hintergrund. Ein weiteres Hobby. So schien es mitunter.

Denn nur wenige Tage später, die Mannschaft war nach zwei bitteren Auswärtsniederlagen, in Porto und beim HSV, mit einer Ausgangssperre belegt worden, zog es ihn erneut hinaus in die Nacht. Schließlich, 2. März 2003, war ja immer noch Karneval. Also landete er nur wenige Stunden nach der Rückkehr aus Hamburg, auch das pathologisch, wieder im *Taba,* Stammbar de Janeiro, bestellte ein paar Bier und tanzte dem Morgen entgegen.

An der Theke noch sehr wache Augen.

Sie beobachteten ihn.

Und es dauerte nicht lang, bis in der Leibnizstraße ein Mobiltelefon läutete und Hans-Georg Felder jäh aus dem Schlaf gerissen wurde. Am anderen Ende schlechte Nachrichten. Und zwei Sätze, von denen er genau wusste, dass sie gleich zweierlei bedeuteten.

Wieder Ärger für den Verein. Und noch mal Arbeit für ihn, draußen zwei Grad und Schneeregen.

Herthas Pressesprecher kannte das schon, die Drecksarbeit abseits des Flutlichts, wenn einer der Spieler mal wieder die Gläser an die Wand geworfen hatte und er die Scherben zusammenkehren musste.

Bei ihm liefen die Drähte zusammen, bevor die Bombe platzte.

Doch wenn er heute davon erzählt, in einem Restaurant unweit des Olympiastadions, muss er gleich wieder lächeln. Weil aus den alten Pannen längst gute Pointen geworden sind, die Ausfälle zu blumigen Anekdoten geronnen.

Felder, heute 56 Jahre alt und Berater in einer Firma für Fußballmanagement, spricht noch immer gern über seine Zeit an der Hanns-Braun-Straße. Und mitunter kann er ins Schwärmen geraten. Dann kommen die Bilder zurück, die bunten Haare und die tollkühnen Tore. Dazu der Jubel, der Blick in die Kurve. Nach dem Abpfiff. Nach diesen besonderen Siegen, die mittlerweile selten geworden sind.

Die Marcelinho-Hertha, sagt er also, war die beste und spannendste Hertha, die es jemals gegeben hat.

Was ein beachtliches Zeugnis ist, weil er ja doch sehr lange sehr nah dran gewesen ist. An diesem Verein und seinen Stars. Sein Rückblick immer auch Chronik.

Denn Hans-Georg Felder ist vor bald 25 Jahren zur Hertha gekommen, damals im Sommer 1998. Frankreich war schon Weltmeister, Gerhard Schröder noch nicht Kanzler geworden und der Verein im Westend hatte als Neuling gerade die Klasse gehalten und wollte nun unbedingt nach Europa, weshalb bald die ersten Stars an die Spree geholt wurden und Felder, in Anzug und Krawatte, bei seinem ersten Auftritt gleich mal neben Dariusz Wosz und René Tretschok saß, noch verhältnismäßig unscheinbar auf dem Podium.

Ein Stift, ein noch unbeschriebenes Blatt.

Felder allerdings, der von den Journalisten und Spielern, die meist nicht viel jünger waren als er, bald nur noch Hansi genannt wurde, sollte in den folgenden elf Jahren eines der Gesichter der Hoeneß-Hertha werden, ein treuer Vasall am Hofstaat. Die immer öffentliche rechte Hand eines Mannes, der als Bundesliga-Schwergewicht in Interviews, diesen Infights mit der Berliner Presse, gerne Sätze in den Ring warf, die wie linke Haken klangen.

In seinem zweiten Sommer bei der Hertha, Trainingslager in Österreich, bekam der Hansi dann gleich einen Sonderauftrag. Mit Nachdruck, von Dieter Hoeneß. In diesen Wochen nämlich hatte der Verein gerade sein neues Maskottchen vorgestellt. Einen brasilianischen Braunbären mit brasilianischer Biografie, dem Hoeneß natürlich auch noch einen sehr brasilianischen Namen verpasst hatte.

Herthinho, oder wie ihn die Hertha-Kurve lange liebevoll nannte: Bär, du Fotze!

In Österreich, Foto-Shooting mit dem gesamten Kader, sollte dann auch der jüngste Neuzugang aus Südamerika seine eigene Autogrammkarte bekommen.

Das Kostüm lag bereit, nur der Darsteller war nicht mit in die Berge gereist.

Kein Problem, fand der Manager.

Herr Felder, sagte Hoeneß, dann gehen Sie da mal rein.

Also, sagt Felder, bin ich in diesen Bären geschlüpft.

Ohne großes Zögern, so war das ja meist.

Hansi Felder, das gehörte zum Job, hat sich immer in den Dienst der Mannschaft gestellt, den Offiziellen den Rücken freigehalten. Er ließ Teamposter noch einmal neu fotografieren, wenn dem Trainer beim ersten Versuch die Tolle verrutscht war, anderen stellte er Bierkisten unter die Füße, damit sie bei Interviews wuchtiger wirkten. Die kleinen Tricks für die große Bühne. Die beherrschte er natürlich auch.

Er war Kettenhund und Kommunikator, Seelsorger und Strohpuppe, moderierte nach innen und keifte nach außen. Viele Journalisten verfluchten ihn, bemängelten fehlenden Stil und Etikette, nannten ihn Gebrauchtwarenhändler, schmierig und glatt, mit anderen ist er noch heute gut befreundet. Gleich zweimal wurde Hansi Felder vom Stadtmagazin *Tip* unter die 100 peinlichsten Berliner gewählt, neben zwei Ligapokal-Siegen seine einzig echten Titel mit der Hertha. Er trägt sie heute mit der lockeren Ironie eines Veteranen.

Er war den Spott ja gewohnt, die Kritik und das Flüstern. Hansi, das Mädchen für alles. Er kannte die Hausmittel, er half der alten Dame über die Straße. Er war da, wenn er gebraucht wurde. Und selbstverständlich immer erreichbar.

Weshalb er also am Morgen des 3. März 2003, es muss etwa zwei Uhr gewesen sein, einen Anruf entgegennahm, der ihm unmittelbar in die Glieder fuhr. Am anderen Ende eine ihm bekannte Stimme, dahinter Musik, am anderen Ende einer der Jungs von der Zeitung. Reporter, *Tagesspiegel* vielleicht. So genau kann sich Felder heute nicht mehr erinnern. In jedem Fall aber einer von denen, die nachts immer dort waren, wo auch Marcelinho hätte sein können.

Die, sagt Felder, haben ihn ja auf Schritt und Tritt verfolgt.

Pass mal auf, sagte der Reporter. Genüssliche Pause. Ihr habt doch Ausgangssperre, aber hier im *Taba* tanzt der Marcelinho auf dem Lautsprecher.

Das ist schlecht, sagte Felder, gerade noch schlaftrunken, jetzt hellwach.

Das wird dem Hoeneß nicht gefallen.

Dann legte er auf und wählte seinerseits eine Nummer.

Der Manager war noch wach.

Herr Hoeneß, sagte Felder, wir haben ein Problem. Der Marcelinho ist in der Stadt und feiert da.

Kurzes, schwerwiegendes Schweigen.

Ja, Herr Felder, sagte Hoeneß schließlich. Dann machen sie sich doch mal auf den Weg und holen den Jungen da raus.

Hansi Felder, so klingt es heute, wäre wahrscheinlich lieber im Herthinho-Kostüm bei 30 Grad auf den Wilden Kaiser gestiegen, als jetzt noch mal raus in die Kälte zu latschen, um seinem wilden Prinzen den Tanz auszutreiben, aber Befehl war Befehl. Also zog er einen Trenchcoat über seinen quittengelben Pyjama und fuhr zum *Taba,* die Bässe schon von weithin gut hörbar.

Ich bin dann, erinnert er sich, ohne Halt durch die Tür.

An der Bar noch immer die versammelte Presse.

Reporter, hingen dort wie durstige Geier. Umkreisten den Tänzer mit Blicken. Hinten Marcelinho, Karnevalskadaver.

Der, sagt Felder, hatte eine Flasche *Beck's Gold* in der Hand, war schon ordentlich geladen und oben auf der Box unterwegs. Mit Hüftschwung und allem, was dazu gehört.

Und ich sage: Hömma, Kollege! Komm mal da runter und dann gehst du nach Hause.

Marcelo, bitte!

Mit Engelszungen gegen den Partyteufel, vertraute Töne gegen den Beat. Sie kannten sich ja, waren über die gemeinsamen Jahre sogar sowas wie Freunde geworden.

Marcelinho, Felder nennt ihn noch heute Marcelo, was erwachsener klingt. Weniger niedlich. Marcelo, als würde er wirklich den Menschen meinen, die Person hinter dem Künstler.

Und Marcelinho, der die deutsche Sprache, ähnlich wie den deutschen Fußball, eher tänzelnd interpretierte, dabei nie ganz lernte, weil er, wie es dann gerne hieß, lieber seine Füße sprechen ließ, hatte Felder seinerseits nie Hansi gerufen, stattdessen immer schon den vorletzten Konsonanten verschluckt. Für den Brasilianer, das erzählt Felder gern, war er einfach der Hasi. Ein irgendwie beiläufiger Kosename, verwaschen und zuckersüß, der immer so klang, als pflegten die beiden Männer, Marcelo und Hasi, tatsächlich eine durchaus innige Beziehung.

Im *Taba* nun, mittlerweile war es locker und leicht schon nach Drei, bekam Felder deshalb auch die zu erwartende Antwort. Unter Freunden und unter Alkohol.

Hasi, Hasi, sagte Marcelinho, ich habe frei. Hasi, Karneval. Viel mehr sagte er nicht.

Der Marcelo, erinnert sich Felder, war da nicht runterzukriegen. Und dann bin ich unverrichteter Dinge wieder abgezogen.

Felder ging. Dann folgten die Schlagzeilen, als lautstarkes Nachspiel dieser dritten Halbzeit.

Krach bei Hertha, schrieb der *Spiegel*.

Kostspieliger Karneval für Marcelinho, war die Überschrift.

Hertha BSC hatte seinen Spielmacher gleich am nächsten Tag mit einer Geldstrafe belegt. 10 000 Euro standen im Raum, 20 000 in den Zeitungen. So oder so ein Fingerzeig.

Dieter Hoeneß tobte.

Und Marcelinho schwieg dazu.

Ich spüre, sagte der damalige Trainer Huub Stevens, dass Marcelinho nicht mehr derselbe ist.

Bei der Hertha, wie so oft in diesen Jahren und eigentlich wie immer bis heute, brannte mal wieder der Baum.

Und die Hauptstadtzeitungen legten ordentlich Lametta nach.

Und Hansi Felder versuchte mit beiden Händen die glühenden Nadeln aufzufangen, wobei er sich natürlich die Finger verbrannte.

Vier Tage später allerdings, zum Abschluss einer Woche am Rande des Zusammenbruchs, kamen die Löwen aus München ins Olympiastadion und Marcelinho entschuldigte sich bei Mitspielern und Fans, bei Hoeneß und Felder, auf seine ganz eigene Art. So, wie er es immer getan hatte.

Mit dem Ball am Fuß, durch alle Gegner hindurch. Entschuldigte sich also, indem er seine Mannschaft zu einem 6:0-Sieg führte. Mit zwei eigenen Treffern und einer Vorlage.

Ein tatsächlicher Taktgeber, mitreißend und unwiderstehlich.

Das Ergebnis auf der Anzeigetafel als große Versöhnung, sein Name aus den Lautsprechern, als hätte es die Nacht auf der Box nie gegeben. Danach tanzten sie gemeinsam, schließlich war ja immer noch Karneval.

Zu der Zeit, als Marcelinho bei Hertha war, sagt Hansi Felder jetzt, gab es eigentlich keinen Tag, an dem mal irgendwie Ruhe war.

Und weil er gerade so schön dabei ist, erinnert er sich gleich noch an einen anderen Marcelinho-Moment. Zwei Jahre später, nahezu auf den Tag. Wieder März in Berlin, wieder Karneval in der Luft. Und wieder klingelte das Telefon, am anderen Ende eine ihm bestens bekannte Stimme. Am anderen Ende einer der Jungs von der Zeitung, Reporter.

Diesmal *BZ*, ganz sicher. So erzählt er es hier, den Dialog noch halbwegs im Kopf. Gedächtnisprotokoll zwischen zwei Flaschen Mineralwasser, ganz subjektives Archiv.

Hansi, sagte der Reporter. Wir haben einen Tipp bekommen, dass der Marcelinho einen Laden gekauft hat.

Lietzenburger Straße 86, eine ehemalige Russendisko.

Mit Vertrag und Unterschrift und allem Drum und Dran. Mitten in Charlottenburg, mitten in der Saison. Buschfunk im Berliner Gastrodschungel.

Das, sagt Felder heute, war das letzte Loch.

Und er starrte in den Hörer. Lauschte, als hätte er sich soeben verhört.

Das, sagte er schließlich, kann ich mir nicht vorstellen.

Dann legte er auf. Und bestellte den Brasilianer ins Büro.

Marcelo und Hasi, zwei Männer unter vier Augen.

Der Vorwurf dröhnend im Raum.

Hömma, Marcelo! Sagte Felder. Ganz kurze Frage. Hast du eine Diskothek gekauft?

Die Antwort ein Abstauber fast. Aus kurzer Distanz.

Felder kannte sie bereits. Wusste genau, was jetzt kommt.

Nein, Hasi. Nein. Sagte Marcelinho. Wirklich nicht, Hasi.

Dann lächelte er, wie es sonst nur Kinder können, Lausbubencharme. Und der Hansi glaubte ihm. Warum auch nicht, sie waren ja sowas wie Freunde geworden. In den vergangenen Jahren. Also setzte er sich an seinen Computer und schrieb eine kurze Pressemitteilung. Ein Dementi auf drei Zeilen. Ein Bekenntnis, Vertrauensbeweis.

Dann schickte er das Ding in alle Redaktionen. Marcelinho plant das nicht, der macht das nicht. Der Verein hat gerade mit ihm gesprochen.

Nur Minuten später meldete sich der Reporter erneut.

War bester Laune, Vorfreude in der Stimme, Triumph zwischen den Zeilen.

Hansi, so in etwa sagte er es, dann schau mal ganz genau in unsere Ausgabe morgen.

Auf Wiederhören. Dann war Feierabend.

Und am nächsten Tag, sagt Felder, habe ich die Zeitung aufgeschlagen und da hatten die Kollegen eine ganze Seite frei gemacht, den Kaufvertrag abgedruckt.

Beweislast im Berliner Format. Unübersehbar. Mit Unterschrift und allem Drum und Dran.

Bei dieser Nachricht, schrieb die *BZ* am 15. März 2005, schwingt ganz Berlin die Hüften.

Marcellos brasilianische Disko in Berlin, stand darunter, einfach sambationell!

Und Hansi Felder, der für Marcelinho jede Lanze gebrochen hätte, stand wieder vor Windmühlen, einsam in der Presselandschaft.

Das, sagt er heute, war wirklich 100 Prozent Marcelinho. Unfassbar, der Typ.

Dann muss er trotzdem lachen. Weil am Ende die Tore und die Freundschaft übriggeblieben sind, diese Verbundenheit gemeinsamer Siege.

Der Marcelo, sagt er also zum Abschluss, bevor er gleich weitermuss, hat uns so viele schöne Stunden bereitet, weil er einfach ein genialer Fußballer war. Und weil er eine unglaubliche Physis hatte, dieses drahtige Kerlchen. Der ist immer vorneweg marschiert morgens, selbst wenn er am Abend voll war wie ein Eimer.

Er kam ja mitunter auch mal schwankend zum Training, schon angeschwitzt aus der Nacht, in den Silben noch eine Umdrehung zu viel.

An diesen Tagen sprach er meist Deutsch.

Und war trotzdem immer der Erste im Wald.

Der Marcelo, sagt Felder, hat mit einem Kasten Bier im Kopf immer noch besser gespielt, als die meisten anderen, die wir sonst so hatten.

Dann verabschiedet er sich, hinein in die Gegenwart eines anderen Fußballs, in der ein Spieler wie Marcelinho, mit diesem Lebenswandel, wahrscheinlich keinen Platz mehr finden, nicht als Star auf der Box stehen, sondern bald hinten runterfallen würde.

Mir ist natürlich bewusst, hatte Marcelinho einmal im *11FREUNDE*-Magazin gesagt, dass ich damals manchmal über die Stränge geschlagen habe.

Aber auch das gehörte dazu.

Ohne Samba, sagte er damals, kein Fußball.

Marcelinho, er war am Ende eben auch ein Botschafter des schönen Spiels. Ein Diplomat des Dribblings. Und genoss deshalb weitestgehend Immunität. Die lange Leine, Narrenfreiheit im klassischen Sinne. Das war der Deal. Zwischen ihm und den anderen, den Verantwortlichen, den Mitspielern und den Fans. Sie schauten gerne zu, wenn er mit dem Gegner tanzte. Dann lachten sie über die Vorgeführten. Und sie schauten auch mal weg, wenn er mit Freunden tanzte. Dann lachten sie über die Schlagzeilen. Marcelinho durfte am Abend so viel, weil er am Ball alles konnte. Mehr Caipirinha als Kai Michalke. Die einzig schillernde Figur in einem Verein, der sonst nur Ingo Schiller hatte.

Hertha brauchte ihn. Und Marcelinho wusste das.

So hielten sie einander die Waage. Der Verein und sein Star. Immer im Limbo. Zwischen Genie und Wahnsinn, Exzess und Eingebung, Fehlgriff und Finte.

Und so lief an diesem 9. April 2005 gegen Freiburg eben auch noch einmal alles zusammen, lag in diesem Schuss das ganze Gewicht dieser besonderen Beziehung.

48,3 Meter, der finale Akt.

Im Februar erst, das ist die Vorgeschichte, war Marcelinho, trotz eines Jahresgehalts von 1,8 Millionen Dollar hoch verschuldet, unangekündigt nach Brasilien geflogen. Während des laufenden Spielbetriebs. Der Verein hatte ihm damals aushelfen müssen. Mit einem Darlehen, 250 000 Euro.

Er sollte es, so der kühne Gedanke, mit Dankbarkeit zurückzahlen, mit einer neuen Disziplin womöglich.

Dann aber kaufte er den Laden in der Lietzenburger Straße, dann stand der Vertrag groß in der Zeitung.

Und keine zwei Wochen später, die letzten Wogen mit Mühe geglättet, spielte die Hertha in Dortmund, 3. April 2005, und Marcelinho schlug seinem Mitspieler Arne Friedrich mit der Faust ins Gesicht.

Aus falsch verstandenem Stolz, erklärte Dieter Hoeneß hinterher.

Die Hertha in Aufregung, mal wieder am Scheideweg.

Das Olympiastadion als Dauerkartenhaus.

Doch jeder, der schon ein bisschen länger dabei war, kopfüber in der blauweißen Achterbahn, konnte da bereits ahnen, wie das hier ausgehen würde.

Denn die stärksten Spiele, auch das war eine Besonderheit in der Beziehung zwischen Hertha und Marcelinho, folgten meist auf die heftigsten Krisen.

Wut und Wirbel, sie bedingten einander.

Man konnte die Stadionuhr danach stellen.

Wie 2003, als die Löwen kamen, um gefressen zu werden.

Und Marcelinho, klar, entschuldigte sich.

Zuerst bei Friedrich und dann bei den Fans.

48,3 Meter. Die größtmögliche Wiedergutmachung.

Marcelinho, schrieb die *FAZ*, rehabilitiert sich mit Traumtor.

Danach lagen sie sich erneut in den Armen. Marcelinho und Dieter Hoeneß. Doch während es den einen wieder hinaus in die Nacht zog, blieb der andere mit seinen Gedanken zurück.

So ging es wieder. Bis es eben nicht mehr ging.

Denn nur ein Jahr darauf, im Sommer 2006, Marcelinho hatte seinen Heimaturlaub mal wieder eigenmächtig um ein paar Tage verlängert, offiziell waren es neun, er selbst sprach später lächelnd von elf, war die Party ganz plötzlich vorbei. Die Beziehung am Ende.

Es war, wie sonst nur nachts an der Bar, der eine Tropfen zu viel.

Marcelinho hatte seinen Kredit endgültig aufgebraucht. Und Hertha BSC wollte sich seinen Star nicht mehr leisten.

Du machst da eine Rechnung auf, hatte Hansi Felder noch gesagt. Als Verein und als Mannschaft. Kosten, Nutzen.

So lange Marcelinho geliefert hat, war die Mannschaft gnädig, stand auch die Führung hinter ihm. Das ist der Handel mit dem Genie, dem besonderen Spieler. Und das geht gut, so lange er läuft. Das funktioniert, so lange er funktioniert.

Aber sobald er nachlässt, der Körper nicht mehr mitmacht, die Leistung und damit auch der Ausgleich ausbleibt, kippt das, dann bricht dieses Gebilde in sich zusammen. Und der Spieler, vorher unantastbar, wird plötzlich untragbar.

Dieter Hoeneß, immer auch das Kabinenklima im Blick,

musste nun reagieren. Und Marcelinho, mittlerweile 31 Jahre alt, die Hauptstadt verlassen. Schwere Herzen auf beiden Seiten.

Er ging in die Türkei, zu Trabzonspor.

Der Beginn einer langen Irrfahrt.

Marcelinho spielte danach noch in Wolfsburg, in Rio de Janeiro, in São Paulo und in Recife.

Er spielte danach einfach immer weiter, bei insgesamt 16 verschiedenen Vereinen. Verramschte sein Talent, seine immer noch beeindruckende Physis in den unteren Ligen, den Regionalmeisterschaften seiner Heimat.

Doch während er selbst zu verschwinden schien, in der Provinz, in der Bedeutungslosigkeit, blieben die Schlagzeilen. Nur spielte der Fußball darin keine Rolle mehr, war aus dem Staunen irgendwann Entsetzen geworden.

2011 etwa wurde er beschuldigt, während einer Aufstiegsfeier die Schwester des Polizeichefs vergewaltigt zu haben. Ein Erpressungsversuch, wie sich bald schon herausstellen sollte. Dennoch hatte Marcelinho einige Tage im Gefängnis verbracht, dennoch hatte sein Ruf mal wieder Schaden genommen. 2018 dann wurde erneut Haftbefehl gegen ihn erlassen, diesmal wegen ausgebliebener Unterhaltszahlungen. Und im März desselben Jahres schließlich erlitt er einen Schlaganfall, drei Wochen später aber spielte er wieder. Mit 42 Jahren. Weil er, bittere Wahrheit, das Geld brauchte.

Früher wollte er nie, jetzt konnte er nicht aufhören.

Auch das gehört zu seiner Geschichte.

Marcelinho, sein Spiel war immer ein Plädoyer für die Schönheit, den Spaß selbst gewesen. Außerhalb des Fußballs aber, dort, wo noch mal andere Regeln galten, schien er oft genug zu fremdeln. Die Halbwelt, die falschen Freunde, sie begleiteten ihn über die Zielgerade seiner Karriere. Die Berliner aber, seine Mitspieler, die Fans und Reporter, haben seinen Weg in all den Jahren aus der Ferne verfolgt, mal mit Wehmut, mal mit Sorge. Und immer auch mit der leisen Hoffnung, dass er noch mal zurückkommt, in seine Stadt.

Hertha-Legende Marcelinho will Trainer werden und dabei auch ein Praktikum in Berlin absolvieren, schrieb die *BILD* vor einiger Zeit.

Ein Wiedersehen mit Hertha, so wurde Marcelinho darunter zitiert, ist immer schön.

Sein letztes Spiel hat er am 15. März 2020 bestritten.

Für Desportiva Perilima. Im Estádio Amigão. Jenem Stadion also, das sein Vater mit dem ersten jemals dort erzielten Tor eingeweiht hatte. 1975, im Jahr seiner Geburt. So schloss sich ein Kreis. Marcelinho wurde ausgewechselt, nur wenige Freunde waren gekommen. Ein eher unrühmliches Ende.

Seinen eigentlichen Abschied hatte Marcelinho aber ohnehin bereits drei Jahre zuvor gefeiert. In Berlin, mit 27 000 Zuschauern im Olympiastadion. Und anschließend wieder Arm in Arm mit Frank Zander. Nur nach Hause.

Am Abend dann, während der Aftershow, durfte auch Dieter Hoeneß eine bewegte Rede halten. Vor 300 geladenen Gästen im *Puro*. Einem Club, der im 20. Stock des *Europacenters* liegt, West-Berlin zu allen Füßen.

Marcelo, sagte Hoeneß da, war wie ein Sohn, aber mein schwierigster. Er hat viel Blödsinn gebaut. Marcelo konnte feiern, aber am nächsten Morgen ist er mit geschwollenen Augen im Training vorneweg gelaufen und hat Leistung gebracht.

Er war mein Papa, sagte Marcelinho über Hoeneß, er hat sich um mich gekümmert.

Dann flossen Tränen. Und 60 Liter Wodka.

Denn dort, zwischen Dunga und Tinga und Ewerthon, zwischen Giovane Élber und Arne Friedrich, die Erinnerungen schon ein bisschen verklärt, war noch einmal alles wie früher. Dort, die vergangenen Zeiten im Glitter des Abends ein bisschen goldener, war noch einmal Karneval in West-Berlin.

Marcelinho vor jeder Kamera.

Eine Karriere in Schnappschüssen.

Eine Nacht aus allen Nächten.

CALIFORNICATION

Wenn er Obama ist, dann
bin ich Mutter Teresa.

ULI HOENESS

Wenn ich etwas tue, dann richtig,
egal in welcher Funktion.

JÜRGEN KLINSMANN

Es ist nicht sein Verein, das weiß er längst. Heute aber, 10. Mai 1997, ist es auch nicht sein Spiel. Jürgen Klinsmann, zweimal schon ist er an Jörg Schmadtke gescheitert, dem Torwart der Gäste. Zweimal hat er nur den Körper des Keepers getroffen, einmal den Pfosten dazu. So ist im Heimspiel gegen den Abstiegskandidaten aus Freiburg noch immer kein einziges Tor gefallen. So steht es nach wie vor 0:0, ein peinliches Unentschieden. Und die Anzeigetafel im Münchner Olympiastadion scheint gleich doppelt zu gähnen, leer und gelangweilt. Während die Zuschauer, 63 000 waren es zum Anpfiff, entweder längst nach Hause gegangen oder kurz davor sind, die Geduld zu verlieren.

Die Bayern, in der Tabelle nur hauchdünn vor dem Verfolger aus Leverkusen, stolpern einer Blamage entgegen.

Und Klinsmann hat seinen Anteil daran.

Weil er dort vorne nicht macht, was er soll, sondern weiter nur so spielt, wie er will.

Dann läuft Giovanni Trapattoni zur Seitenlinie, wilde Gesten in einem hopfengrünen Sakko. Bayerns italienischer Trainer möchte noch einmal wechseln. Das Glück und damit auch dieses Spiel auf seine Seite zwingen. Er schaut kurz, ein leichtes Nicken, dann ruft er Carsten Lakies zu sich, einen Vertragsamateur aus der zweiten Mannschaft. Er soll Klinsmann ersetzen. Den Weltmeister, den noch immer besten Stürmer dieser Mannschaft. Trapattoni, ihm bleibt wohl nichts anderes übrig.

Hinter dem Trainer, auf der Bank der Bayern, sitzen an diesem Nachmittag auch Klaus Augenthaler, das Gesicht wie immer in Falten gelegt. Und Lothar Matthäus, Klinsmanns Intimfeind in jenen Tagen. Die Sonnenbrille lässig ins Haar geschoben. Der Kapitän, gesperrt und verletzt, ist nun ganz nah dran, mindestens Augenzeuge. Nur wenige Wochen später wird er auch die Eindrücke dieser Minuten öffentlich machen. Seine Sicht auf die Dinge, die natürlich die letztgültig beste sein soll. Eine immer auch sehr eigene Meinung. In einem Tagebuch, die exklusiven Auszüge groß in der *BILD*. Als Vorgeschmäckle, genüsslich und grell.

Vorausgegangen, schreibt Matthäus dort über die Auswechslung von Klinsmann, war ein Disput mit Trapattoni. Auf dem Platz haben sie sich angeschrien. Der Trainer wollte, dass Jürgen nach der Einwechslung von Jancker nach links rückt. Als er sich trotz mehrfacher Aufforderung weigert, holt Trap ihn vom Platz.

Lothar Matthäus, das immerhin muss man ihm lassen, weiß um die schwierige Beziehung zwischen Klinsmann und Trapattoni. Er hatte die beiden bereits bei Inter Mailand erlebt, acht Jahre zuvor. Der Trainer und der Stürmer, sie hatten auch dort nie wirklich zueinander gefunden.

Zwei Männer, die aus dem Spiel heraus nicht unterschiedlicher hätten sein können.

Hier der Mister, der mit dem Catenaccio aufgewachsen war, einer durch und durch italienischen Geisteshaltung, in der die Defensive zur Kunst erhoben wird. Dort der Knipser, der sich in jede Flanke werfen konnte und immer den schnellsten Weg in den Strafraum suchte, getrieben von der Lust am erfolgreichen Abschluss.

Trapattoni, der gerne auch eine Flasche Weihwasser mit sich führte, wollte Tore vermeiden. Das war sein erstes Gebot. Klinsmann aber wollte Tore schießen, das war sein oberstes Ziel.

Er hat eine Einstellung zum Spiel, hatte Klinsmann über Trapattoni gesagt, gleich nach dessen Verpflichtung, die es mir nicht einfach macht.

So standen sie sich auch in München von Anfang an unvereinbar gegenüber. Der schon immer graue Lombarde und der wahrscheinlich ewig blonde Schwabe. Pasta und Spätzle, sie ließen sich nur schwer in einen Topf werfen.

Und so leuchtet nun die Nummer 18 auf der Tafel des Linienrichters. Eine persönliche Beleidigung auch für den Mann, der sie trägt. Denn Klinsmann, verbissen wie immer, kann es nicht glauben. Während er den Platz verlässt, nur widerwillig und außer sich natürlich, schüttelt er immer wieder den Kopf. Verweigert dem jungen Lakies jeden Augenkontakt. Ganz so, als hätte er sich alle Blicke für seinen Trainer aufgespart. Die giftigen vor allem. Jene, die sprichwörtlich bedrohlich wären, wenn sie töten könnten. So glotzt er, die Zähne seltsam gefletscht, in die Gegenwart.

Trapattoni hat ihm da bereits den Rücken zugewandt, steht aber noch in Hörweite.

Und Klinsmann, noch immer fließend in der Sprache seines Trainers, spuckt drei Wörter auf den Platz. Eine Beleidigung, unmissverständlich.

Vai a cagare. Verpiss dich!

So entgleist der Moment.

Klinsmann, den Kragen noch immer aufgestellt, ein Rohrspatz als Göppinger Gockel, geht noch ein paar Schritte, dann, das Standbild längst Ikone, tritt er in eine blaue Werbetonne. SANYO, bleibt hängen und schürft sich das Schienbein auf. Der Knall, Stollen auf Holz, ist bis auf den Platz zu hören. Er holt das Publikum aus dem Dämmerschlaf der vergangenen Minuten. Dieser Tritt, man kann es nicht anders sagen, ist Klinsmanns bis dahin auffälligste Aktion.

Mit Abstand, auch dem der Jahre seitdem.

Sie ist im Gedächtnis geblieben, weit über die Saison und auch über die 90er-Jahre hinaus. Der Tritt als eigentliches Ereignis hat aus dem Spiel eine Fußnote gemacht. Die Tonne, sie steht heute im Museum der Münchner. Ein Beweisstück in der Asservatenkammer der Bundesligageschichte.

Auch, weil sie von mehr erzählt als nur von der Wut des Augenblicks.

Jürgen Klinsmann hat sich damals, auch das steht im Tagebuch von Matthäus, in der Kabine bei seinem Trainer entschuldigt. Und Trapattoni soll, dem Vernehmen nach, mit dem Großmut eines Großvaters reagiert haben.

Es hätte also alles gut sein können.

Doch so einfach war es nicht. Denn die Tonne, die nur zufällig im Weg gestanden hatte, sie stand nun für mehr. Das dunkle Loch im blauen Holz hatte das Zerwürfnis zwischen

Stürmer und Verein sichtbar werden lassen. Die Stimmung so scharfkantig, man hätte sich daran schneiden können.

Klinsmann, das war offensichtlich, hatte sich im Verein isoliert. Der Mannschaftsspieler, er traf noch, aber er traf nicht mehr zu.

Allein unter Bayern, schrieb die *ZEIT* später.

Klinsmann und München, das war von Beginn an eine Zweckehe gewesen, eine Beziehung auf Zeit. Wenig Gegenliebe auf beiden Seiten. In den letzten Wochen der Saison 1996/1997 aber war sie auch öffentlich brüchig geworden. Das weißblaue Tischtuch zerschnitten. Bereits im März hatte er seinen Abschied angekündigt. Klinsmann, der seinem Vater einst versprochen hatte, niemals zu den Bayern zu wechseln, hatte mit dem Verein abgeschlossen. Ein krudes Kapitel, ein Missverständnis wohl auch.

Vielleicht, hatte er noch gesagt, passt meine Person nicht zu diesem Verein.

Nun gab er seinen Wechsel auch offiziell bekannt. Er wollte zu Sampdoria Genua.

Zurück in die Serie A.

Italien, um dem Catenaccio Trapattonis zu entkommen.

Italien, als würde er sich verpissen.

Es wird höchste Zeit, erklärte er den Journalisten noch, dass die Tortur aufhört.

Und er wirkte sichtlich erschöpft dabei, aufgerieben auch. Von den öffentlichen Auseinandersetzungen, den Aufstellungskämpfen, diesem Profilneurosenkrieg eines Vereins, der zu jener Zeit wenig mehr war als die Summe seiner Egos.

Oben, auf der Tribüne: der Kaiser und der Kalle.

Unten, auf dem Platz: der Kahn, der Basler und der Scholl. Und dazwischen, als Bindeglied und Sollbruchstelle gleichermaßen, Lothar Matthäus. Der Tagebuchschreiber. Der gar nicht mal so heimliche Widersacher.

Maulheld sowieso, Maulwurf wahrscheinlich auch.

Lothar Matthäus, als Libero Klinsmanns härtester Gegenspieler, suchte immer wieder das direkte Duell mit seinem Stürmer, provozierte gern. Bis die Laune zum Gürtel passte. So lieferten sich die beiden in den letzten Monaten ihrer gemeinsamen Zeit eine ausgemachte Privatfehde. Sie kannten die Schwächen und die Verträge des jeweils anderen, die Details standen dann gern in der Zeitung, Interna Mailand.

Weshalb der Boulevard diesem Ensemble bereits Wochen zuvor den passenden Beinamen gegeben hatte.

FC Hollywood, schon der Trainingsalltag eine großartige Inszenierung. Ein dummdreistes Watschn-Ballett, eine fortwährende Bankettrede. Und damit auch ein leicht gefundenes Fressen für die Reporter der *BILD*, die immer gleich mit am Tisch saßen, während ihnen der Loddar die Krumen hinwarf.

Matthäus war es schließlich auch, der mit Uli Hoeneß, damals noch Manager des Vereins, in der Winterpause schon um 10 000 DM gewettet hatte, dass es Klinsmann nicht gelingen würde, die Saison mit 15 oder mehr Treffern zu beenden. Hoeneß hatte dagegengehalten, nicht unbedingt aus Freundschaft zu Klinsmann, sondern viel eher, weil das Dagegenhalten, wie das Schafkopfen auch, schon immer eine seiner Lieblingsbeschäftigungen war. Hoeneß, durchaus ein Zocker, wie sich Jahre später herausstellen sollte, konnte da auf seinen Instinkt hören.

Klinsmann jedenfalls musste von dieser Wette irgendwann erfahren haben. Eine interne Demütigung auch, aus der er die Kraft für seinen finalen Auftritt zog.

Am letzten Spieltag und drei Wochen nach dem Tritt in die Tonne, traf er in der 42. Minute zum 1:0 für die Bayern und krallte sich danach ins Tornetz, als wollte er es aus der Verankerung reißen, den Mund weit geöffnet. Ein langer Schrei der Genugtuung. Klinsmann hatte den Ball ins Tor gewütet, es war sein 15. Saisontreffer. Und damit auch sein persönlicher Sieg über Lothar Matthäus.

Der Gipfel am Bökelberg.

Danach war Schluss. Und niemand schien traurig darüber.

Bayern atmet auf, titelte die *BILD*, Klinsmann geht und keiner weint ihm nach.

Aber auch Klinsmann selbst ging mit einem Lächeln, weil er sich doch treu geblieben war. Sein Weltbild, ohnehin schwer zu erschüttern, stimmte wieder.

Und so bargen diese Tage im Sommer 1997, Klinsmanns letzte Wochen im Trikot des FC Bayern, bereits die Zukunft in sich, sie wiesen nach vorne. Sie verrieten ihn schon, eine Charakterstudie im Zeitraffer.

Der Spieler Klinsmann, ein Bein in der Tonne, beide Hände im Netz, hatte sich offenbart.

In jedem Zweikampf, im Ärger, im Abgang allemal. Seinen verkrampften Ehrgeiz, den unbedingten Willen, es wirklich allen zu zeigen. Und schließlich auch die tief verwurzelte Überzeugung, es besser zu können. All jene Dinge also, Stärken und Schwächen, die ihn später noch begleiten, ihn tatsächlich weit bringen sollten. Nach Frankfurt, zurück nach München und am Ende bis nach Berlin.

Als Trainer, als Handlungsreisender eines sonnengebräunten Optimismus. Jürgen Klinsmann, da sollte noch einiges kommen. Jürgen Klinsmann, auch klar, er wollte den Fußball verändern.

Dafür allerdings musste er erst die Seiten wechseln. Und die Heimat gleich mit. Einmal über den Atlantik ziehen, von Europa in die USA. Ein bisschen Distanz zwischen sich und Deutschland bringen, den nötigen Abstand schaffen.

Zu Matthäus und Hoeneß, den Schlagzeilen und Zuschreibungen, den provinziellen Provokationen und kleingeistigen Großangriffen. Er brauchte sie nicht mehr. Er hatte bald Besseres zu tun.

Jürgen Klinsmann, so verließ er die Vergangenheit.

Er ist dann schon bald nach Kalifornien gezogen. Zusammen mit seiner Frau, dem Model Debbie Chin. Gemeinsam lebten sie in Huntington Beach, mondän und lichtdurchflutet. Dort, in der Nähe von Los Angeles, war der FC Hollywood weit weg. Und Klinsmann konnte den großen Fußball erstmal hinter sich lassen. Er hat dann nochmal in der vierten Liga gespielt, bei Orange County Blue Star, einem Verein vor der Haustür. Zum Spaß und unter dem wirklich großartigen Pseudonym Jay Göppingen. Es war eine kleine Hommage an Zuhause, ansonsten aber schlug er Wurzeln am Strand, während sich Matthäus drüben an der Ostküste zum Gespött machte, weil er hoffte, *a little bit lucky* zu haben. Das kleine Glück, Klinsmann hatte es da längst gefunden. Der sprichwörtliche *American Way of Life*, immer gut gelaunt, immer in Bewegung, passte zu ihm. In den USA musste er sich nicht mehr verstecken, er war dort wunderbar anonym. Auch nur ein Star unter vielen. So konnte er groß denken, ohne größenwahnsinnig zu wirken. Dann flogen die Gedanken. Jürgen Klinsmann, in der Nachbarschaft zur Traumfabrik lernte er, aus seinen Ideen ein Geschäft und aus seinem Selbstbild ein Image zu machen. Dort wurde er selbst zur Marke. Ein Mann, der sich alles zutraute.

Und es war eben diese Haltung, die ihn zurück nach Deutschland brachte. Denn der DFB glaubte ebenfalls an Klinsmann. An seine Slogans, seine Innovationen. Er sollte den deutschen Fußball, der nach einer Europameisterschaft ohne Sieg am Boden lag, wiederaufrichten. Ihn in die Zukunft führen. Klinsmann war der letzte Strohhalm, eine Verzweiflungstat auch.

Denn die Suche nach dem neuen Bundestrainer war zuvor unangenehm chaotisch verlaufen, mit Kandidaten aus allen Himmelsrichtungen. Ottmar Hitzfeld hatte abgesagt, lange gab es keinen Plan B. Und irgendwann hatte sich auch Lothar Matthäus, Klinsmanns geliebter Feind, mithilfe der *SPORT BILD*, selbst ins Gespräch gebracht.

Ich bin alt genug als Bundestrainer, stand in seiner Kolumne.

Klinsmann hatte derweil ein Interview mit der *Süddeutschen Zeitung* initiiert, wieder Stellungsspiele mit dem Libero.

Im Prinzip, ließ er den DFB damals wissen, müsste man den ganzen Laden auseinandernehmen.

Ein Köder im Haifischbecken, sie bissen an. Und Klinsmann sagte zu. Auch er war alt genug als Bundestrainer. Lothar Matthäus aber musste in Ungarn bleiben. Die große Genugtuung, die Finger wieder im Netz, in der Wunde wohl auch, damit begann die Revolution.

Denn Klinsmann kam und brachte neben seinen Ideen auch gleich noch die eigenen Leute mit. Einen Fitnesstrainer zum Beispiel, der die Spieler mit Gummibändern trainieren ließ. Die Kritiker, meist ehemalige Profis, die sich damit rühmten, früher vor wichtigen Spielen Karten gekloppt und Kette geraucht zu haben, waren entsetzt.

Gummitwist, schrieben die einen. Ententanz, riefen die anderen. Der Spott, er war nun wieder billig zu haben.

Klinsmann aber genoss die Kritik, sie war ihm ein sicheres Zeichen, auf dem richtigen Weg zu sein.

So gestaltete er die Nationalmannschaft nach seinen Vorstellungen um, zertrümmerte Gewissheiten. Und ließ, so hieß es später, keinen Stein auf dem anderen. Ein Innenarchitekt, der mit der Abrissbirne nach Frankfurt gekommen war. Er entmachtete Oliver Kahn als Kapitän und entließ Sepp Maier als Torwarttrainer. Jede Personalentscheidung auch ein lächelnder Gruß nach München, wo Uli Hoeneß saß und vor Wut schnaubte. Dieser neudeutsche Schmarrn, das war nicht mehr sein DFB.

Hinzu kam dann noch die Wohnsitzdebatte, weil Klinsmann den Umbau von Kalifornien aus vorantrieb, immer auf dem Sprung war. Und nach Länderspielen meist in der Nacht schon wieder im Flugzeug saß.

Die Zeitverschiebung auf seiner Seite.

Klinsmann, immer auch der Jetlag der anderen.

Der, hatte ihm Hoeneß schließlich hinterhergerufen, soll hierherkommen und nicht ständig in Kalifornien rumtanzen.

Klinsmann aber, damals wahrscheinlich Deutschlands bestbezahlter Pendler, blieb, tanzte rum und wurde so zum Architekten des Sommermärchens, der Erfinder eines neuen deutschen Fußballs.

Klinsmann, schrieb der Journalist Oliver Fritsch später in der *ZEIT*, hat aus einem Tante-Emma-Laden ein modernes Kaufhaus gemacht, und die Spieler dankten es ihm.

Seine Mannschaft, im Vorfeld gerade mal Außenseiter, fegte durch das Turnier. Mit Schweini und Poldi, mit einem Zettel in Lehmanns Stutzen, immer mit dem Kopf durch die

Wand. Und Klinsmann gab den Einpeitscher an der Seitenlinie, den Motivator im Kabinentrakt. Die Ärmel seines hellblauen Hemdes immer lässig gekrempelt. Business casual, als wäre das gar nicht die Nationalelf, sondern ein Projekt im Silicon Valley. Und es schien, als hätte er gleich noch das kalifornische Wetter, den Strand und die Wellen, nach Deutschland geholt. Hoch Jürgen, er sorgte für Fähnchen im Wind. Hinterher dann stand er am Brandenburger Tor. Als Weltmeister der Herzen, zu seinen Füßen eine halbe Million Menschen. Quartalspatrioten, die wieder wer waren.

Klinsmanns größter Moment. Und sein Abschied zugleich. Denn während der Regisseur Sönke Wortmann die Kabinenreden auf Leinwandgröße zog, das Märchen im Rückblick noch einmal begehbar machte, war Klinsmann schon wieder auf dem Weg zurück nach L. A. Als hätte er genug gesehen, als hätte er einen Strich unter den Sommer gezogen.

Klinsmann, so wirkte es doch, hatte mit Deutschland abgeschlossen. Er musste dort nichts mehr beweisen.

Umso erstaunlicher also, dass er zwei Jahre später tatsächlich zurückkam. Nach München, zu Uli Hoeneß. Diesmal als Nachfolger von Ottmar Hitzfeld.

Das kann doch nichts werden, sagten die Kritiker. Zu viel Vorgeschichte, zu wenig Gegenliebe auf beiden Seiten. Sie versuchten es dennoch, die Bayern und der ehemalige Stürmer.

Plötzlich Schicksalsgemeinschaft.

Mit Jürgen Klinsmann, hatte Karl-Heinz Rummenigge schon im Januar 2008 gesagt, haben wir unseren absoluten Wunschkandidaten zum FC Bayern holen können.

Zum Auftakt in München kamen dann 600 Fans.

Und auf dem Dach des Trainingszentrums an der Säbener Straße thronten die seither viel zitierten und oft bemühten

Buddha-Statuen, von einem Innenarchitekten im Auftrag des Vereins bereits Tage zuvor dort hingestellt. Bis heute ein Treppenwitz, ein Running Gag unter Reportern.

Klinsmann konnte wenig dafür, gab aber trotzdem eine unglückliche Figur ab.

Er wollte, das hatte er auf seiner ersten Pressekonferenz erzählt, jeden Spieler jeden Tag ein bisschen besser machen. Wieder eine amerikanische Ansage, sie sollte ihn über Monate verfolgen. Er hatte sich größer gemacht, als er war.

Und die Bayern, schon immer gnadenlos in ihrer Hatz nach Erfolg, maßen ihn daran.

So wirkte er seltsam fremd. In einem Land, das tatsächlich nicht mehr seines war. Ein Schwabe in Bayern. Ein Wahlamerikaner in Süddeutschland. Ein Erneuerer auch, der angereist war, um eine Mauer aus Tradition, Dünkel und Sendungsbewusstsein zu zerschlagen. Er stand nun dort, mit einem Hämmerchen in der Hand. Kümmerlich und naiv. Da halfen ihm auch die Vokabeln von Drüben nicht. Klinsmann wollte One-Touch-Fußball spielen lassen. Immer nach vorne. Das Spiel neu denken, alles auf links ziehen. Das ganze Jahr lang Sommermärchen. So gerieten seine Mannschaftssitzungen zu ellenlangen PowerPoint-Präsentationen.

Viel Show, wenig Ertrag. Man hätte es ahnen oder einfach mal bei Joachim Löw nachfragen können. Jenem Mann, der Klinsmann die Hütchen hinterhertragen und die Arbeit machen durfte, nachdem die Kamerateams das Trainingsgelände wieder verlassen hatten. Jürgen Klinsmann, schon beim DFB eher Projektmanager als Übungsleiter, war nicht geschaffen für die Berufswirklichkeit eines Bundesligatrainers. In der Ebene, mühsam und verschwitzt, verpufften seine Slogans. Dort nutzte er sich ab.

Früher hatte er davon gelebt, im richtigen Moment voll da zu sein. Klinsmann, wenn man so will, war selbst eine Turniermannschaft. Nun aber musste er über Monate vor Ort sein, auch den Alltag aushalten. Auswärtsspiele in Wolfsburg, in Rostock oder Hannover. Cottbus statt California. Dafür aber fehlte ihm die Energie. Und irgendwann ging auch die Überzeugung verloren.

Kein Gummitwist, nirgends.

Dann kam der April, dann begann eine Woche, in der Klinsmann erst vorgeführt, dann gedemütigt und schließlich gekreuzigt wurde. Von Wolfsburg und Grafite, die Hacke des Brasilianers eine schallende Ohrfeige. Von Barcelona und Lionel Messi, die jeden Fehler bestraften und alle Schwächen dieser Mannschaft offenlegten. Und am Ende auch noch von der *taz*, die immer auf Klinsmanns Seite gewesen war, eine Verbündete im Kampf gegen die *BILD*.

Jetzt aber zeigte sie ihn, erste Seite am 11. April 2009, als Jesus am Kreuz. Dort hing er in den Seilen, das Gesicht lautstark verzerrt. Daneben eine wunderbare Zeile. *Always Look on the Bright Side of Life*, ein Zitat aus dem Monty-Python-Film *Das Leben des Brian*. Klinsmann klagte später dagegen, am Landgericht München. Ihm war das Lachen vergangen.

Diese sieben Tage im April aber wurden zum Lackmus-Test für den Zustand des ganzen Vereins. Und die Bayern waren sauer.

Der Stolz des FC Bayern, sagte Rummenigge damals, wurde mit Füßen getreten.

Wenig später wurde Klinsmann entlassen. Und Philipp Lahm stellte ihm ein vernichtendes Zeugnis aus.

Und Uli Hoeneß bezeichnete ihn als Fehler, als wirklich teuren Irrtum. Und die *FAZ* veröffentlichte eine Chronik des

Scheiterns. Sie war der Nachruf auf eine verunglückte Personalie.

Der TV-Moderator Günther Jauch hatte Klinsmann einst als Obama des deutschen Fußballs bezeichnet.

Noch unter dem Eindruck der WM 2006.

Wenn er Obama ist, sagte Uli Hoeneß jetzt, dann bin ich Mutter Teresa.

Jürgen Klinsmann, so klang es nun mal, hatte nicht lange gebraucht, um sich selbst zu enttarnen. Er war als Strahlemann gekommen und als Blender gegangen. Wieder ein Missverständnis. Wieder zog er sich zurück. USA, diesmal für immer. Dachten die meisten. Er wurde Nationaltrainer dort, wollte aus Soccer Fußball machen. Im letzten Vorrundenspiel der WM 2014 begegnete er dem eigenen Erbe, traf er auf Schweini und Jogi. Müllers Tor im Regen von Recife.

Klinsmann und Löw sind damals, jeder für sich, ins Achtelfinale eingezogen. Und durften deshalb nach dem Abpfiff noch ein letztes Mal gemeinsam feiern. Schulter an Schulter. Zwei Männer, nass bis auf das Lächeln.

Märchenhafte Umarmungen. Ein vertrautes Bild.

Jürgen Klinsmann, das blieb unbestritten, hatte seinen Anteil am Titel der Deutschen. Auch er war, so schrieb es die *ZEIT* später, in Brasilien ein bisschen Weltmeister geworden.

Und doch war es nicht mehr seine Nationalmannschaft. Klinsmann und der deutsche Fußball, sie hatten sich da bereits gut sichtbar voneinander entfernt. Weshalb ein Wiedersehen aus nächster Nähe im Grunde unmöglich schien.

Am 30. November 2019 allerdings stand Jürgen Klinsmann dann wieder auf der Laufbahn eines Olympiastadions. Diesmal in Berlin, wo er 2006 die Argentinier besiegt, das

Finale dann aber ohne ihn hatte stattfinden müssen, weil sich die Italiener nicht so einfach durch die Wand hauen ließen. Die Tartanbahn, sie war jetzt Blau und Weiß, die Hymne aber vertraut. Frank Zander. Nur nach Hause.

Und Klinsmann hielt sein Telefon in die kurze Gänsehaut des Moments, filmte die Kurve.

Hertha BSC, das war der Verein seines Vaters gewesen. Mitglied dort, jahrzehntelang. Hertha BSC, das war seine neue Herausforderung jetzt. Ein unerwartetes Comeback. Das spannendste Projekt Europas, hatte Klinsmann gesagt. Drei Wochen zuvor, als er von Lars Windhorst nach Berlin geholt worden war. In den Aufsichtsrat erstmal, als blonde Eminenz. Als Berater aber auch. Für Herthas neuen Geldgeber, der wenig von Fußball versteht, aber Klinsmanns Sprache spricht, ebenfalls immer gleich groß denken will.

Outside the Box.

Lars Windhorst, früher Kohls Wunderkind, hat selbst in den USA gelebt, er beherrscht die Vokabeln und das Lächeln dazu. Auch er träumt amerikanisch. Nun wollte er Hertha BSC, den immer schon schlafenden Riesen, mit spitzen Lippen wachküssen. Aus dem doch sehr biederen Verein, so der galoppierende Claim, einen *Big City Club* machen. Und Klinsmann, der Big City Man, schien ihm der passende Partner dafür. Er wirkte noch immer. Vor allem nach außen. So sollte er ab und an nach Berlin kommen, um dort ein bisschen kalifornisch zu sein. Impulse zu setzen.

Dann aber wurde Ante Covic entlassen, Herthas Heimtrainer. Und Klinsmann rückte ganz nach vorne, wieder Trainer in der Bundesliga. Ein Hot Shot, der zweite Versuch. Er beherrschte die Schlagzeilen, tagelang.

Zu seiner Vorstellung kamen 14 Kamerateams.

Ein Auflauf, die große Hoffnung. So etwas hatte es in der Hauptstadt seit Reuter oder Rehhagel nicht mehr gegeben.

Berlin, schrieb der Journalist Ilja Behnisch bei *rbb24*, war im Klinsi-Fieber.

Klinsmann, nun doch ein bisschen Obama. So begann das Heimspiel gegen Dortmund, mit dem Handy in der Hand.

74 000 Fans im Stadion.

Größer geht es in Deutschland kaum.

Klinsmann, anscheinend gedankenverloren, absorbierte den Moment. Er stand dort aber, wie die Tonne damals in München, gleich wieder für mehr. Für Erfolg und für Aufbruch. Mit Klinsmann hatte Hertha den Messias in die Stadt geholt. Es fehlte nur noch die entsprechende Titelseite der *taz*. Die Ehrentribüne glühte, die Euphorie saß gleich hinter der Bande.

Es konnte ja niemand ahnen, dass Klinsmanns Zeit in Berlin ein persönliches Best-of werden würde. Ein Showcase seiner bisherigen Karriere. Ganz so, als wären die Jahre zuvor nur ein sehr langes Vorspiel gewesen. Die Nationalmannschaft und die Bayern, das Märchen und die Missverständnisse. Als hätte Klinsmann keinen Koffer in der Stadt, aber schweres Gepäck im Hotel. Als hätte er all das mitgebracht nach Berlin. 22 Jahre, hineingezwängt in die 88 Tage, die nun folgen sollten.

Klinsmann verlor dann zum Einstand, trotz Hymne und Gänsehaut. Und haderte anschließend mit dem Schicksal, dem Schiedsrichter und seiner Offensive. Er hätte sich wohl am liebsten selbst eingewechselt, um den Ausgleich zu schießen. Jay Göppingen, er war bereit. Die Hertha, das war jetzt tatsächlich sein Projekt. Ein Verein, den er nach seinem Ebenbild formen konnte. Ein Verein aber auch, der mit ihm, dem verlängerten Arm des Mäzens, nun ganz oben ins Regal greifen sollte. Also setzte er sich hin und schrieb eine Einkaufsliste für den Transfermarkt. Darauf nur die großen Namen, Nationalspieler, ehemalige Weltstars. Götze und Draxler, Granit Xhaka von Arsenal, solche Kaliber.

Er bekam Santiago Ascacibar vom VfB Stuttgart und nannte ihn einen Wunschspieler.

Dann flog er mit der Mannschaft über den Atlantik, zum Trainingslager nach Florida. Und ließ dort erst die Arbeit und dann Arne Friedrich für sich sprechen. Den ehemaligen Nationalspieler hatte Klinsmann zum Performance Manager befördert. Nun erzählte Friedrich den mitgereisten Journalisten vom neuen Benchmarking der Hertha und von den neuen Trainingsmethoden der Mannschaft.

In der neuen Sprache des Trainers, Californication.

Hertha spielte jetzt *Underwater Torpedo League*, amerikanisches Unterwasserballett. In einem Swimmingpool. Mit einem vermeintlichen Navy Seal.

Hertha sprach aber auch mit gespaltener Zunge. Denn dort im Trainingslager wurde bald deutlich, dass der Klub längst zerrissen war. In zwei Lager geteilt. Auf der einen Seite Windhorst und Klinsmann, der Performance Manager Friedrich, improvisierte Pressekonferenzen. Auf der anderen Seite die Repräsentanten der alten Hertha, Westberliner Seilschaften. Nun auch Culture Clash unter Palmen.

Während Klinsmann die Vereinspolitik erklärte, schrieb der Reporter Stefan Hermanns damals im *Tagesspiegel*, fuhren im Hintergrund Manager Preetz und Präsident Werner Gegenbauer auf einem Golf-Car vom Platz.

Ganz so, als hätten sie es eilig, möglichst viel Distanz zwischen sich und die Utopien des Neuen zu bringen. Zurück blieb deshalb auch ein Gedanke. Hätten Preetz, Gegenbauer und Klinsmann gemeinsam in diesem Golf-Car gesessen, dann wäre es wahrscheinlich nicht von der Stelle gekommen. Weil die einen mit dem Fuß auf die Bremse traten, während der andere, schon besoffen von der Zukunft, bis zum Anschlag auf dem Gas stand. Preetz und Gegenbauer wollten, dass sich der Klub langsam entwickelt, während es Klinsmann gar nicht schnell genug gehen konnte. So ging es in diesen Tagen eben auch um die Beschleunigung. Und darum, wer eigentlich das Steuer in der Hand halten, den Kurs bestimmen durfte. Am Ende geriet der Karren über genau diese Fragen ins Schlingern und Klinsmann knallte gegen die ihm bereits bekannten Mauern.

Nur war aus Selbstvertrauen mittlerweile Selbstherrlichkeit geworden und aus Innovation Arroganz.

Da mischt sich der Schwabe ungut mit dem Kalifornier, schrieb der immer großartige Uli Hannemann später in der *taz*: Alles in allem ergibt das eine Mentalitätskombination aus der Hölle.

Auch das eine Kreuzigung.

Jürgen Klinsmann, so war es hinterher zu lesen, wollte bei Hertha ein Trainer nach englischem Vorbild werden, wo die Männer an der Seitenlinie treffend als Manager bezeichnet werden, weil sie sich nicht nur um die Aufstellung, sondern auch um die Kaderplanung kümmern, also selbst bestimmen dürfen, wen sie einkaufen und zu welchem Preis. Damit aber hätte er den Manager Michael Preetz zur Randfigur degradiert, zu einem Grüßaugust an der Hanns-Braun-Straße. Lame Duck, nennen das die Amerikaner.

Wieder Ententanz. Diesmal aber ohne Happy End.

Denn Klinsmann kam nicht weiter.

Anfang Februar stand die Mannschaft wieder auf Platz 14 und er selbst wieder in der Kritik.

Am 11. Februar dann trat er zurück, nach nur elf Wochen als Trainer. Und hinterließ den Fans eine Erklärung, die er mit falscher Verbundenheit unterschrieb.

HaHoHe, euer Jürgen.

Es war, so nannte es die *WELT*, der stillose Abgang eines Dampfplauderers.

Ein Blitz aus heiterem Himmel auch, ein Donnerwetter am Dienstagmorgen. Tief Jürgen, er hinterließ eine Schneise der Ahnungslosigkeit. Im Verein hatte niemand damit gerechnet.

Wir sind von dieser Entwicklung am Morgen überrascht worden, ließ Michael Preetz mitteilen. Offizielle Ohnmacht. Ein Verein unter Schock. Sie hatten ihm doch, so das Gefühl, alle Wünsche erfüllt, den blauweißen Teppich ausgerollt. Und nun ließ er sie stehen, mit einem Kader, den er selbst aufgebläht hatte, mit einer Mannschaft, die mal seine werden sollte. Dann aber schlug die Ernüchterung in Empörung um, dann gaben Preetz und Windhorst eine Pressekonferenz, in der sie sich geschlossen gegen den Trainer stellten.

Vereinter Konter gegen Klinsmann, titelte *rbb24*.

Es ist nicht akzeptabel, sagte Windhorst.

Dann schlug er die Tür zu.

Jürgen Klinsmann hatte seine Sachen da längst schon gepackt. Und doch blieb er auch nach seiner Abreise aus Berlin das bestimmende Thema. In der *BZ* schrieben Walter Momper und Eberhard Diepgen hilflose Zeilen. Und schließlich meldete sich, Ehrensache, auch ein alter Bekannter.

Jürgen war schon immer ein Egoist, sagte Lothar Matthäus in der *BILD*, er ist halt wie viele Mittelstürmer. Zuerst komme ich, dann die Mannschaft, aber an oberster Stelle immer Jürgen.

Eine diesmal tatsächlich treffende Analyse, das Psychogram eines Menschen im Strafraum.

Denn Jürgen Klinsmann wollte nie dazugehören. Er hatte oft wenig gemein mit den anderen, den Mitspielern und den Vereinsbossen, seinen Vorgesetzten vor allem.

Er spielte für sie, er holte Titel mit ihnen. Und manchmal, wenn es die Gesamtlage erforderte, stellte er sich auch in den Dienst der Mannschaft. Meist aber stellte er sich allein in den Sturm. Auch, weil er neben sich niemand anderen duldete. Es ist deshalb auch kein Zufall, dass Klinsmann sein wohl bestes Länderspiel im Achtelfinale der WM 1990 gemacht hat. Gegen die Niederlande, nachdem sein Sturmpartner Rudi Völler, mit Rijkaards Rotze in den Locken, vom Platz geflogen war. Er ist damals einfach für zwei gelaufen, hatte plötzlich genug Raum, um der Welt zu zeigen, dass er besser war als van Basten. So hat er dieses Spiel am Ende gedreht. Im Alleingang, auch das ein Markenzeichen. Gegen alle Widerstände. Der Erfolg gab ihm recht. Darauf fußte sein Image. Und deshalb wurde er meist doch geduldet, mitunter sogar gefeiert. Deshalb wurde er immer wieder dazu geholt. Als Bessermacher, als Besserwisser auch. Ein immer notwendiges Übel. Wie Medizin, die bitter schmeckt und die man trotzdem schluckt, weil sie am Ende Heilung verspricht. Selbst wenn sie nicht mehr ist als ein bloßes Placebo.

So verließ er Berlin, als er merkte, dass er dort keinen Platz hatte. Nicht den nötigen Raum, um sich frei zu entfalten. Und machte dann, was er schon damals gemacht hatte.

Gegen Freiburg, den Fuß in der Tonne.

Er trat noch mal nach, aus Frust und aus der Überzeugung heraus, es besser zu können. Und wieder krachte es.

Zwei Wochen nach seinem Abschied aus Berlin veröffentlichte die *SPORT BILD* ein 22 Seiten umfassendes Dossier, in dem Klinsmann dem Verein ein Armutszeugnis ausstellte, von Lügen berichtete und von katastrophalen Versäumnissen, vom Besitzstandsdenken eines Vereins, der Big City Club sein wollte und doch wie ein Dorfverein geführt wurde.

Der Club, schrieb er da, ist in seiner Struktur immer noch ein riesiger Tanker, der jeden Tag die gleiche Route fährt, unabhängig von Wind und Wetter, während die Konkurrenz aus lauter Schnellbooten besteht.

Es war eine Abrechnung, gnadenlos und kalkuliert.

Eine Zerstörung auch. Sprengkraft in jeder Zeile.

Klinsmann, jetzt wieder *Underwater Torpedo League*, hatte Hertha BSC, diesen alten Spreedampfer, noch einmal entschieden getroffen.

Wieder ein klaffendes Loch in dunkelblauem Holz.

Schlagseite in den Schlagzeilen.

Allerdings hatte er sich mit diesem Angriff auch selbst beschädigt, sich für eine weitere Zukunft in der Bundesliga unmöglich gemacht. Der deutsche Fußball, so klang es gleich, würde ihm das nicht verzeihen.

Ich mochte ihn noch nie, schrieb der ehemalige Bundesliga-Profi Uli Borowka auf *Twitter*, er war schon immer ein Arsch. Ich habe das Gefühl, jetzt ist er ein Arschloch und eine Ratte.

Der Name Klinsmann, hatte Matthäus zuvor bereits bei *Sky* vermutet, ist bei anderen Vereinen wahrscheinlich eine Schublade tiefer gerutscht.

Jetzt durfte er noch mal nachlegen.

Jürgen, sagte er also dem Sender, war wichtig für die Bundesliga, aber so, wie er jetzt reagiert hat, das geht nicht.

Und man kann es lesen, wie man möchte, aber natürlich lag in diesen Zeilen auch die späte Genugtuung des frühen Gegenspielers. Jürgen Klinsmann, nun war er der Tagebuchschreiber. Der Mann mit den Enthüllungen, der Interna an die *SPORT BILD* gegeben hatte, um mit den Umständen abzurechnen, sich die Wirklichkeit nachträglich zurechtzubiegen. Und es fühlte sich an, als hätte er seine Karriere, wieder vom Ehrgeiz und vom Egoismus getrieben, in die Tonne getreten. Ein Abgang als Abfallprodukt. Eine wunderbare Umkehr der Zuschreibungen. Man konnte darüber nur den Kopf schütteln.

Am Ende dann, nachdem die Berliner ihren Kahn notdürftig geflickt hatten, wurde Klinsmanns Nachfolger vorgestellt.

Bruno Labbadia, früher selbst Stürmer beim FC Bayern und Sohn italienischer Gastarbeiter aus Lenola. Eine Personalie, die Giovanni Trapattoni sicher gefallen hätte. Und eine finale Botschaft zudem, aus Berlin nach Kalifornien.

Vai a cagare, Klinsi. Verpiss dich!

Hertha BSC, das war nicht mehr sein Verein.

SCHLACHTENBUMMELN

Fußball ist Krieg.

RINUS MICHELS

Es beginnt auf den Rängen, im Stadion Maksimir von Zagreb. Eigentlich soll hier gleich Fußball gespielt werden, Dinamo gegen Roter Stern Belgrad. Ein Klassiker, das große Duell um die jugoslawische Meisterschaft. An diesem Sonntag aber, 13. Mai 1990, wird das Spiel von den Zeitläuften, der Stimmung im Land erdrückt. Hier nun findet der Konflikt zwischen Serben und Kroaten, zwischen Vaterland und Föderation, seinen Weg auf den Rasen.

Selten war der Begriff Pulverfass treffender.

Ein ganzes Stadion mit kurzer Lunte.

Auf der einen Seite die Bad Blue Boys, die Anhänger Dinamos, die heute Heimrecht haben. Und auf der anderen die Delije aus Belgrad, 3000 oder mehr. Delije bedeutet Helden, auch ihr Stolz kämpft in vorderster Linie. Und sie zerlegen die Reihen, als wären sie gekommen, um das ganze Land abzureißen. Bisher schwelte der Hass, jetzt steckt er die Tribünen in Brand. Es sind Szenen eines Kontrollverlusts, das kurzatmige Chaos der Kollision. Männer, die aufeinanderkrachen, mit Fäusten und Tritten, dabei keine Gnade kennen. Sie machen aus Sitzschalen Geschosse, ein hölzerner Regen in Orange. Es ist nicht leicht, den Überblick zu behalten.

Die Männer, jung sind die meisten, drahtig und laut, haben das Spiel als Geisel genommen.

Dazwischen, hilflos und unvorbereitet, stehen die Polizisten. Für die Kroaten sind sie uniformierte Diener des Belgrader Regimes, Handlanger mit Schlagstöcken. Sie tragen Helme, die sie kaum schützen. Sie geraten hinein. In dieses Wimmelbild der Eskalation, Leiterwagen und Wasserwerfer, Sirenen und Rauch. In diese Jagd, in der bald jeder Beute ist und Jäger zugleich. Viele der Spieler, die sich gerade warmmachen wollten, flüchten in die Katakomben.

Dann aber ist da, unter denen, die bleiben, noch die Nummer Zehn im blauen Trikot. Zagrebs Zvonimir Boban, 21 Jahre alt gerade, Kapitän seiner Mannschaft. Er gilt als Genie, heute kommt auch er dem Wahnsinn sehr nahe. Denn die Bilder, verwaschen und wacklig, zeigen nun, wie er aus vollem Lauf in den Körper eines Polizisten springt, in die offene Flanke des Staates, ihm die Knie in die Seite rammt. Der Polizist sackt zusammen, bleibt liegen. Und Boban trabt aus dem Fokus, sucht Schutz zwischen seinen, den bösen blauen Jungs. Es ist der Höhepunkt eines Spiels, das nie gespielt werden wird.

Denn der Tritt wird unmittelbar zum Symbol der Auflehnung und Zvonimir Boban zum Spielmacher des Widerstandes, zum Nationalhelden der Kroaten.

Er ist es bis heute.

Auch, weil dieser 13. Mai 1990 im Treibhaus der nationalistischen Verklärung seither auf mythische Übergröße angewachsen ist. Unter jenen, die damals dabei waren, gilt er noch immer als der eigentliche Beginn des Jugoslawien-

Krieges, dieses so langen und blutigen Kampfes, der Tausende das Leben kostete.

Das Spiel ein Auslöser auch, ein Vorbote ganz sicher.

So sehen sie das. Die zerschnittenen Flaggen auf dem Rasen als Zeichen der Zeit.

Dort im Stadion war etwas kaputtgegangen.

Dort war etwas in Gang gesetzt worden.

Bei diesem Spiel, sagte Belgrads Stürmer Darko Pančev hinterher, hat praktisch der Zerfall des Systems begonnen.

Ein Jahr später erklärte Kroatien seine Unabhängigkeit, schickte Milošević seine Armeen. Und viele von denen, die im Maksimir noch mit bloßen Fäusten oder Eisenstangen aufeinander losgegangen waren, standen sich unter Waffen erneut gegenüber. Hier die Jungs aus Zagreb, dort die Helden von Roter Stern. Zwei Lager, zu allem bereit. Und selbst an der Front trugen sie die Wappen ihrer Vereine.

Der Fußball war dem Krieg schon immer sehr nah. Seine Sprache, Jargon sagt man wohl, ist randvoll mit den kruden Vokabeln der Streitkräfte. Dann werden Schlachten geschlagen und Strafräume belagert. Dann werden Paraden gefeiert und Gegner niedergerungen. Von Scharfschützen, Granaten oder Kampfschweinen. Und vorne lauert der Bomber, der, wenn er nur oft genug trifft, zur Belohnung eine Kanone erhält. Noch Fragen?

In der Hitze des Augenblicks, diesem Eifer des Gefechts, klingen die Reporter auf ihren Plätzen dann mitunter wie Berichterstatter, die nicht das Spiel vor der Brust, sondern die Front im Rücken haben. Ein rhetorisches Wettrüsten.

Mit Metaphern aus Schützengräben und Vergleichen aus Verdun.

Und an der Seitenlinie, unnahbar im Trenchcoat, stehen die Trainer als Feldherren. Generäle, so werden sie gerne genannt, ehrfürchtig. Ein Ritterschlag der Presse.

Meist stammen die Generäle aus Holland.

Dick Advocaat, Louis van Gaal. Tod oder Gladiolen.

Und Rinus Michels natürlich. 1974, im Finale gegen die Deutschen, sprach er vom Krieg auf dem Feld. Und vom Frieden danach. Er unterschied da genau.

Auch seine Sprache war kein Zufall.

Er hatte sich seinen Rang redlich verdient.

Am 13. Mai 1990 jedoch, in dieser Erzählung aus Zagreb, entwickelt sich der Krieg aus dem Spiel heraus. Weil sich die Spannungen auf den Tribünen entladen, auf dieser vielleicht öffentlichsten Bühne, vom Fernsehen begleitet und in alle Wohnzimmer übertragen. Der Sport, der keiner mehr sein darf, liefert plötzlich Bilder, die sich nicht mehr einfangen lassen. Brandbeschleuniger für ein Feuer, das auf den Rängen gelegt wird und bald darauf, unkontrolliert und tödlich, auf das Land übergreift.

Diese Umdeutung der Ereignisse, in der eine fast bedrohliche Zwangsläufigkeit liegt, zeigt die Kraft, die diesem Sport zugeschrieben wird, seine Wirkmacht, diesen Sog, in den die Massen geraten können.

Sie zeigt aber auch die oft ungute Verknüpfung zwischen Fußball und Politik, zwischen Spiel und Kampf. Manchmal, wie damals in Kroatien, ist das Spiel der Anlass. Dann rollt der Ball und plötzlich ist Krieg. Das geschieht selten, aber auch das gab es vorher schon mal.

Im Juni 1969, es wurden ganze Bücher darüber geschrieben, begegneten sich El Salvador und Honduras in der

WM-Qualifikation, ein brisantes Duell. Auch hier kam es am Rande immer wieder zu blutigen Auseinandersetzungen, auch hier ging es um mehr als nur um das Ergebnis. Denn das Verhältnis zwischen den Nachbarn war schon länger beschädigt, nachdem Honduras gewaltsam damit begonnen hatte, salvadorianische Migranten, überwiegend mittellose Bauern, zurück in ihre Heimat zu schicken. In den Stadien brannten honduranische Flaggen. Das dritte und entscheidende Spiel wurde schließlich in Mexiko-Stadt ausgetragen, neutraler Boden. El Salvador gewann, wieder gab es Zusammenstöße, diesmal aber starben Menschen und die Länder kappten ihre diplomatischen Beziehungen.

Am 14. Juli 1969 flog El Salvador Luftangriffe gegen Honduras. Dann marschierten Soldaten.

Der sogenannte Fußballkrieg dauerte vier Tage, 2000 Menschen ließen ihr Leben darin.

Das aber sind Ausnahmen. In der Regel ist das Spiel meist Stellvertreter, der sportliche Wurmfortsatz politischer Gedärme. Dann kommt es zu Begegnungen, die über den Rasen, den Wettbewerb hinausweisen. Weil dort eben nicht nur zwei Mannschaften stehen, die zwei Hymnen singen, sondern zwei Länder, die sich eine Erinnerung teilen, einen Konflikt meist. Etwas, das noch gärt. Alte Narben, die nie richtig verheilt sind.

Bei der WM 1986, zum Beispiel, standen sich England und Argentinien gegenüber, so unversöhnlich wie motiviert. Es war eine Ansetzung, die ihre, Entschuldigung, Sprengkraft ebenfalls aus der Geschichte heraus entwickelte. Denn vier Jahre zuvor hatten die Argentinier im Falkland-Krieg vor der Übermacht Großbritanniens kapitulieren müssen. So war dieses Spiel ihre Chance. Hier konnten sie den einen großen Sieg erringen, den sie so dringend brauchten, um die Volksseele zu heilen, die, als Kollateralschaden des Krieges, ebenfalls verwundet aus der Niederlage hervorgegangen war.

Maradonas Tore, sein Jahrhundertsolo, vor allem aber seine Hand Gottes, waren die irdische Rache für den Verlust der Falklandinseln. So stand es am nächsten Tag in den Zeitungen, so sehen es die Argentinier bis heute. Dieser Sieg, der Titel im Anschluss, als nationales Erweckungserlebnis. Maradona war in diesem Spiel nicht nur um sein eigenes Leben gelaufen. Wie Boban trug er die Zehn, wie Boban hatte er mit einem Sturmlauf die Ehre seiner Heimat verteidigt.

Im Strafraum überdauern Gefühle, da werden auch Angreifer wieder gefeiert. Wenn die Waffen stillstehen, ist der Fußball der letzte Ort für Bewegung. Hier gibt es noch Zeichen, über die sich hinterher alle wundern, dann wird der Jubel zum Statement und der Tanz an der Fahne zur letztgültigen Provokation.

2012 etwa feierte Bayerns kroatischer Stürmer Mario Mandžukić einen Treffer gegen Nürnberg mit einer Geste, die noch einmal tief hinein zielte in den Krieg auf dem Balkan, in diese giftige Gemengelage aus Vaterlandsstolz, Verrat und Faschismus. Sein ausgestreckter rechter Arm galt Ante Gotovina und Mladen Markač, zwei kroatischen Generälen, die keinen Trenchcoat, dafür aber Verantwortung trugen.

Und als Xherdan Shaqiri und Granit Xhaka die Schweiz sechs Jahre später in der Gruppenphase der WM 2018 mit zwei Toren zum Sieg über Serbien führten, formten sie ihre Hände im Jubel zu Vögeln. Eine unmissverständliche Pantomime, denn jeder, der zusah, wusste Bescheid. Der doppelköpfige Adler war der Gruß in die Heimat der Eltern, Albanien. Und ein Gruß nach Belgrad dazu, weil sich Serbien nach wie vor weigert, den Kosovo als Staat anzuerkennen.

Die Kroaten, unter ihnen auch wieder Mandžukić, sangen derweil nach einem Sieg gegen Argentinien in der Kabine faschistische Lieder. Der Krieg in jeder Strophe. Die Reaktionen kamen sofort, Empörung und Unverständnis. Volksgruppendynamik. Auch hier, Jahrzehnte später, waren die Wunden noch frisch.

Der Fußball ist ein Spiegel der Gesellschaft. Das sagt sich oft leicht, wiegt meist aber schwer. Und so gibt es Momente, in denen sich dieser Sport zur Fabel aufblasen lässt, in denen er sich selbst über den Kopf wächst. Und es gibt Momente, in denen er benutzt wird. Ein Instrument nur noch, auf dem Machthaber, Autokraten und Präsidenten, unverhohlen und mit größtem Vergnügen für den Ernstfall proben.

Sie setzen es ein, sonnen sich im Glanz des Erfolgs, die Welt zu Gast bei Feinden.

In Argentinien, 1978, nutzte die Junta die Weltmeisterschaft als mehrwöchige Imagekampagne, aber die Mannschaften spielten in den gleichen Stadien, in denen sonst Regime-Gegner hingerichtet wurden. In der DDR galten die Nationalspieler als Botschafter in Trainingsanzügen.

Jeder Stürmer, so hieß es, ein kleiner Außenminister.

Und auch in Kroatien, in den Jahren nach der Unabhängigkeit, nutzte Franjo Tudjman die wichtigste Mannschaft des Landes für seine persönlichen Zwecke. Als könnte er nach den Trophäen auch den eigenen Ruf polieren.

So wie die Armee besetzte Gebiete zurückeroberte und dabei den Großteil der serbischen Minderheit vertrieb, erhöhten die Fußballer das Ansehen Kroatiens in der Welt, schrieb die *Neue Zürcher Zeitung* 2002 und zitierte Tudjman gleich noch mit einer wunderbar passenden Clausewitz-Paraphrase.

Fußball, so soll es der ehemalige Staatspräsident gesagt haben, ist die Fortsetzung des Krieges mit anderen Mitteln.

Demnach war die Nationalmannschaft ganz bald und ganz bewusst zu einem weiteren Truppenteil geworden.

Die Spieler eben auch Soldaten auf einem anderen Feld.

Dort sollten sie Herzen und Hirne gewinnen.

Prosinečki und Propaganda.

Franjo Tudjman nannte sie Ritter der kroatischen Nation. 1998 wurden sie bei der Weltmeisterschaft in Frankreich Dritter. Dražen Ladić, der damalige Torwart, bekam als Dank einen Golfplatz geschenkt.

Wenig später verstarb der Präsident.

Einige der Spieler von damals waren noch für Jugoslawien aufgelaufen, sie galten als goldene Generation. Ihr Kapitän war Zvonimir Boban, der nach seinem Tritt in Zagreb für die WM 1990 gesperrt worden war. 2016 wurde er stellvertretender Generalsekretär der FIFA. Der Polizist, den er am 13. Mai 1990 angegriffen hatte, heißt Refik Ahmetović und lebt heute in Sarajevo.

Er brauchte 25 Jahre, um Boban zu verzeihen.

DEUTSCHES THEATER

Ja, nun sind wir also mittendrin.

BERND HELLER

Ein Punkt nur. An diesem 20. Mai 1989 ist es der Hauch eines Unentschiedens, der den 1. FC Köln vom FC Bayern trennt. Ein Wimpernschlag. Und so kommt es, vier Wochen vor dem Ende der Saison und fünf Tage vor dem direkten Aufeinandertreffen beider Mannschaften, zum Guckduell auf Augenhöhe. Im *ZDF-Sportstudio* warten an diesem Abend Uli Hoeneß und Jupp Heynckes, Christoph Daum und Udo Lattek. Aufeinander, miteinander, gegeneinander. Zwei Ecken mit Kanten, zwei Philosophien. Zwei Doppel zudem, wie sie selbst das Tennis dieser Jahre nicht interessanter, nicht gegensätzlicher hätte zusammenstellen können.

Und die Männer, die gleich ihre Grundlinie verlassen und auch jede Etikette vergessen werden, tragen die passenden Socken dazu. Baumwollweiß in dunklen Lederslippern.

So sitzen sie sich gegenüber, zwischen ihnen nur eineinhalb Meter blaugrüner Auslegware, zwischen ihnen nur die beigefarbene Lässigkeit des Moderators Bernd Heller. Und gleich daneben sitzt ihre Vorgeschichte, das bitterböse Hinundher der vergangenen Wochen.

Daum und Hoeneß hatten sich zuvor bei *Bayern 3* bereits

gegenseitig zur Meisterfeier eingeladen. Köln ist seit 17 Spielen ungeschlagen und Daum sägt öffentlich am bayrischen Thron.

Keiner der Männer ist gekommen, um Geschenke zu verteilen.

Über ihren Köpfen, an dünnen Drähten von der Decke, hängen alte Bälle. Fernsehbälle, Torwandbälle. Über ihren Köpfen, für jeden Zuschauer gut sichtbar, schwebt etwas. Eine echte Abneigung. Und der große Spaß an der gegenseitigen Provokation. Hier soll, das wird sofort deutlich, etwas klargestellt, das Revier nachhaltig markiert werden.

Ja, sagt Bernd Heller zur Begrüßung, nun sind wir also mittendrin.

Stimmt. Denn so beginnt er, der vielleicht schönste Schlagabtausch in der Geschichte des deutschen Sportfernsehens, der Sätze hervorgebracht hat, die im Gedächtnis geblieben sind. Und Dialoge, die auch heute immer noch gerne zitiert werden. Die Kontrahenten mitunter im Splitscreen.

Kostproben einer gegenseitigen Vorführung.

Deutsches Theater.

Hoeneß, auf den Knien Papiere: Jetzt les' ich dir mal bisschen was vor.

Er blättert. Daum ist nicht im Bild.

Hoeneß: Du hast über Jupp Heynckes gesagt, er könne auch Werbung für Schlaftabletten machen.

Daum: Richtig.

Hoeneß: Du hast über ihn gesagt, wenn einer so dünnhäutig ist, hat er hier nichts zu suchen. Die Wetterkarte ist interessanter als ein Gespräch mit Jupp Heynckes.

Daum, jetzt wieder im Bild, nickt: Richtig.

Hoeneß: Ist alles ok.
Daum: Da steh ich auch zu.
Dann gibt es Applaus.
Und im Publikum johlt einer.

Die deutsche Sprache kennt einige wunderbare Wörter, um Konstellationen wie diese zu beschreiben. Es sind Wörter, die heute, ähnlich wie die Sakkos und die Slipper dieses Abends, längst aus der Mode gekommen sind. Leider, muss man sagen. Hier aber passen sie noch mal, wie maßgeschneidert bei einem Herrenausstatter aus Schwabing.

Streithähne, Schlachtrösser, Giftpfeile, Wortgefechte.

Das alles gab es noch, an diesem Abend in Mainz.

Daum, der den Bayern und Heynckes empfiehlt, sich besser warm anzuziehen. Heynckes, der daraufhin lässig versichert, dass die Bayern jetzt schon mal die Pelzmäntel rausholen werden. Dazu der wippende Uli und der später weißglutrote Jupp. Der wild in die Gegend stierende Daum und der immer irgendwie großväterliche Udo Lattek, für den das alles nur ein Spiel zu sein scheint. Eine Wette, auf sich selbst und auf die Geduld von Uli Hoeneß.

An diesem 20. Mai 1989 bereitete das Fernsehen die Bühne für das große Sprechtheater der Selbstdarsteller.

König Fußball als King Lear.

An diesem 20. Mai 1989 wurden aber auch die 90er-Jahre eingeleitet. Diese halbe Stunde im *Sportstudio* war der Anfang eines Jahrzehnts, das dem Fußballfan die ganz große Unterhaltung gebracht hat. Die *ran*-am-Samstag-Geschichten, die Lou-Richter-Interviews. Beckmanns rote Jeansjacke, die Maulwürfe, die Affären und Ohrfeigen des FC Hollywood, vor allem aber Uli Hoeneß und seine öffentlich ausbuchstabierten Aversionen, die offensiven Schlachthofscharmützel eines glühenden Machtmenschen. Plötzlich bot das Hinterher am Spielfeldrand, boten die Pressekonferenzen einen neuen, dem Spiel durchaus ebenbürtigen, Unterhaltungswert. Und es wurden Feindschaften gepflegt, wie sie das Publikum zuvor nur aus der Politik gekannt hatte.

Uli Hoeneß gegen Willi Lemke, das war bisweilen wie Wehner gegen Strauß. Da wurde jede Nachberichterstattung gleich zum Nationalen Frühschoppen.

Mit Beschimpfungen, die lange nachhallen sollten.

Hoeneß, der Lemke einen Volksverhetzer nannte.

Lemke, der Hoeneß als Totengräber des Fußballs bezeichnete.

Für die Medien, sagte der ehemalige Bremer Manager später, waren unsere Auseinandersetzungen ein gefundenes Fressen: Auge um Auge, Zahn um Zahn.

Die große Show.

Hoeneß, Lemke und Daum, später auch Rudi Assauer, hatten aus der Bundesliga eine Machoveranstaltung gemacht, eine Testosteron-Telenovela, in der Männer ohne Bizeps ihre Muskeln spielen ließen. Auch, weil sich Uli Hoeneß, Sohn eines Ulmer Metzgermeisters, immer gerne an denen rieb, die ihm gefährlich werden konnten, die er als seinesgleichen identifizierte. Nur daraus ergab sich die Konfrontation. Köln, Bremen, später Leverkusen und, für fünf Minuten in einem anderen Mai, auch die Schalker, das waren echte Gegner. Widersacher im klassischen Sinne. Andere Köpfe mit eigenen Visionen. Die Bundesliga hat genau von diesen Zweikämpfen profitiert.

Und heute?

Udo Lattek ist jetzt mehr als fünf Jahre tot, und wurde damit in etwa 250 *Doppelpass*-Übertragungen schmerzlich vermisst, Schalke musste Rudi Assauer zu Grabe tragen, wobei noch immer nicht klar ist, ob es nicht doch andersherum war. Und selbst die einstigen Erzfeinde Lemke und Hoeneß haben sich, Zahn um Zahn, längst versöhnt und pflegen heute eine Freundschaft, die so eng ist, dass der ehemalige Bremer den ewigen Bayer fast aus dem Gefängnis geholt hätte. Feile statt Pfeile. Friedenspfeife statt Zigarrenstumpen. Altersmilde unter Anführern.

Auch Christoph Daum schickt längst keine Flugtickets mehr nach München, besucht keine Meisterfeiern, ist ehedem aus dem Rampenlicht gestolpert. Heute fährt er Bahn und muss sich im Großraumwagen von jungen Männern verhöhnen lassen, die 1989, als er angriffslustig im *Sportstudio* saß, noch gar nicht geboren waren.

Was bleibt, ist das Gefühl, dass etwas fehlt. Ein bisschen Abenteuer, ein bisschen Wildwest. Glühende Kohlen und leuchtende Birnen. Denn jene Akteure, die heute den Betrieb bestimmen und unter ganz anderen Bedingungen ganz neue Claims abstecken müssen, wählen natürlich einen anderen Umgang. Schlagen leisere Töne an, während die Brusttrommel im Keller der Geschichte verstaubt. Gleich neben der SANYO-Tonne, den Osram-Witzen und Daums Haarprobe. Halb vergessene Devotionalien eines einst schönen Größenwahns.

Die Macher heute ringen nicht mehr miteinander, sie ringen stattdessen nur immer wieder um die richtige Formulierung. Sitzen am Mac und sind trotzdem PC.

Sie produzieren Schlagzeilen, die keine Schlagzeile wert sind. Versatzstücke aus den Baukästen der Agenturen, die im Hintergrund jedes Wort wiegen, jeden Fehltritt vermessen. Ein Quartett, ein Auftritt wie damals, ist mittlerweile unvorstellbar, eine Unmöglichkeit.

Man stelle sich nur mal vor, wie ein solches TV-Duell heute aussehen würde. 30 Jahre nach Hoeneß gegen Daum. Erster gegen Zweiter. Das Spitzentreffen zwischen Bayern und Leipzig. Es würde allein am Personal scheitern, weil dort dann Hansi Flick sitzen müsste, dessen Rhetorik vor allem auf Vermeidung ausgerichtet ist. Ein PR-Profi, der das Abfälschen von Jogi Löw gelernt hat. Diesen feinen Ausfallschritt, die Kunst des Nichtgesagten, mit Ausweichaphorismen, in denen scho au Lücken klaffen, die allenfalls mit Binsen gefüllt werden. Ihm gegenüber säße dann Julian Nagelsmann, der zu Hause im Schrank stolz den roten Mantel hängen hat, zusammen mit der Hoffnung, irgendwann selbst an der Säbener Straße parken zu dürfen.

Er würde es sich ungern gänzlich verderben wollen, mit dem potenziell nächsten Arbeitgeber. Man weiß ja nie. Auf dem Weg von Leipzig nach Salzburg liegt die Allianz Arena bequem an der Autobahn.

Und bei einem direkten Duell mit Borussia Dortmund, dem natürlichen Mitbewerber aus dem Westen, sähe es nicht besser aus. Man kann sich Watzke oder Zorc durchaus in schlecht sitzenden Sakkos vorstellen, auch Tennissocken und Slipper würde man ihnen noch zutrauen, aber die alte Angriffshaltung haben auch sie längst aufgegeben.

Die Frage nach der Meisterschaft? Lächerlich. Die Dortmunder stehen nicht mehr im Weg, sie stehen vor allem Spalier. Haben das Verteidigen verlernt und gleichzeitig die Defensive kultiviert, auch das ein Spagat. Und Hans-Joachim Watzke, der so gerne wie Hoeneß wäre, präsidial und medaillenbehangen, sitzt in seinem Hinterzimmer bei Segmüller und ertränkt seine Sehnsucht nach Jürgen Klopp in Bratensauce aus dem Sauerland. Und Michael Zorc, Kampfname immer noch Susi, steht verloren im Westfalenstadion, weil er ständig zwischen Zweifel und Verzweiflung vermitteln muss. In Dortmund, das wissen auch die Bayern, werden nur noch heimlich Meisterkappen bedruckt. Der BVB ist nicht der Gegner, der er sein könnte. Nicht der Widersacher, wie ihn sich Uli Hoeneß gern zurechtgelegt hätte.

Das alles ist am Ende keine gute Nachricht, weder für die Samstagabendunterhaltung noch für die Bundesliga als Produkt, als Entertainment-Betrieb. Weil die Rivalität nun mal der Treibstoff jener großen Erzählungen ist, von denen der Sport seit jeher lebt.

Becker gegen Lendl. Lauda gegen Hunt. Ford gegen Ferrari.

Im Tennis, im Fußball, im Boxen, ganz egal.

Der Sport braucht diese Geschichten.

Anekdoten wie jene von Muhammad Ali, der vor seinem ersten Kampf gegen Sonny Liston nachts plötzlich lärmend vor dessen Haus stand, in der Hand ein Lasso, einen Maulkorb und ein Glas Honig, und ihn, den amtierenden Weltmeister im Schwergewicht, einen hässlichen Bären nannte. Immer wieder. Einen Bären, den er, Ali, nun fangen und natürlich auch zähmen würde.

Die Bayern sind der Champion, der Bär, immer eine Pranke an der Schale. Doch wenn sie in den Ring treten, ist da kein Herausforderer, kein Lasso schwingendes, tänzelndes Großmaul, das sie wirklich fordert. Niemand, der streiten möchte, um ihnen etwas streitig zu machen.

Niemand, der sie zur Weißglut treibt.

Die einst stolzen Kölner im Übrigen liegen heute weit abgeschlagen am anderen Ende der Tabelle.

Mit Gisdol statt Daum und einem anderen statt Lattek.

Manchmal trifft man sich noch, aber schon lang nicht mehr auf Augenhöhe.

So ist am Ende, nur noch Interviews, keine Duelle mehr, auch jede Wetterkarte interessanter als das *Sportstudio* am Abend. So sind wir also nicht mehr mittendrin.

NOCH IMMER NICHT SCHLUSS

Wir waren so nah dran.

HUUB STEVENS

Ab heute glaube ich nicht mehr an den Fußballgott.

RUDI ASSAUER

Bald ist wieder Mai, der ohnehin schlimmste Monat. Seit 20 Jahren der sowieso schlimmste Tag.

Unerträglich, weil dann alles wieder hochkommt, die alten Bilder wieder frisch sind.

Vier Minuten, als wäre es gestern gewesen.

Und Bodo Menze läuft durch den Schlamm der Gegenwart, im Rücken die Bagger, bis er die Tribüne erreicht.

Diesen Rest der Geschichte.

Der Flutlichtmast unter Denkmalschutz, das alte Plastik der Bänke darunter. Grünlich in der Nachmittagssonne. Sie sind übriggeblieben. Das Parkstadion, reihenweise Erinnerungen. Und Menze, Schalke schon immer im Herzen, setzt sich hinein. Links die Arena, von Gebäuden verstellt. Rechts Kunstrasenplätze, auf den Banden immer noch *Veltins*. Bierruhe, als würde der Rudi gleich wieder um eine der Ecken biegen. Den kalten Stummel im Mundwinkel. Ein Gorilla im eigenen Nebel, den Pokal als fette Beute über die Schulter geworfen. Das Lächeln breit im Gesicht.

Ein Tagtraum womöglich, Übervater Morgana.

Der Assi, sagt Bodo.

Freundschaft, in zwei Silben gedrängt. Und damit im Grunde beginnt es auch schon. Der Rückblick, von der Tribüne aus. Das Spiel gleich vor Augen. Der Anfang vom Ende.

Diese Erinnerungen, sagt er, das ist doch alles für'n Arsch.

Vier Minuten, als würden die Uhren hier anders gehen. Bodo Menze, er wurde an der Kampfbahn geboren. Vom Balkon der Blick auf den Rasen, die Tribüne gleich hinter dem Zaun. Der Verein vor der Haustür, er ist groß geworden damit. Eine Kindheit im Kreisel, er kennt die Kader noch auswendig. Die Legenden vergangener Tage. Männer, die Nachbarn waren. Männer, die auf Zeche gefahren sind. Später dann hat er Diamanten geschliffen, die Knappenschmiede geleitet. 13 Jahre unter Assauer gedient. Deshalb die Nähe.

In seinem System, sagt er, war ich der Abteilungsleiter.

Bodo Menze ist seit bald 60 Jahren Mitglied in diesem Verein. Wenn er Schalke sagt, dann meint er Heimat. Und wenn Schalke wirklich Religion ist, dann hat er alle Testamente gelesen. Er weiß, dass an Gott niemand vorbeikommt, außer Libuda. Und natürlich weiß er auch, wie lang ein Spiel sein kann, das eigentlich längst zu Ende sein sollte.

Vier Minuten, es geht ihm schon wieder mächtig auf den Zeiger.

Und deshalb, geht gar nicht anders, sitzt er nun wieder auf der Tribüne. Unmittelbar zurück in der Zeit. 19. Mai 2001, das Stadion ausverkauft. 65 000 Zuschauer, der letzte Spieltag. Die große Hoffnung, es doch noch zu schaffen. Unterhaching schlagen und dann in den Norden schauen, der Raute die Daumen drücken. Mit einem Auge am Berger Feld, mit einem Ohr im Hamburger Volkspark.

Sein ganz eigener Spielfilm.

Das war ein Halbvierspiel, sagt Menze. Und wir waren rechtzeitig dort, weil wir ja wussten, dass es eine spannende Geschichte werden würde.

Bodo Menze hatte damals seine Frau dabei, wie immer Block G. Stammplätze. Und dann stand es schnell 0:2.

Mal wieder typisch, das waren die ersten Gedanken. Das alte Schalker Leiden. Wie am Spieltag zuvor. Die 90. Minute. Das Tor von Balakov in Stuttgart, das Tor von Zickler in München. Sekunden nur, in denen die Schalker die Tabellenführung verspielt hatten, die Bayern plötzlich wieder drei Punkte vor.

Da, sagt Menze, haben wir die Chance auf dem Silbertablett, und dann nutzen wir sie nicht.

Die eigene Dummheit, der Dusel der Anderen. Das war die Vorgeschichte. Nur deshalb mussten sie nun hoffen und bangen und rechnen und beten. Nur deshalb schien schon früh alles verloren. Unterhaching, keine Schützenhilfe aus Bayern.

Dann aber trafen Nico und Asa, erinnert sich Menze, nach der Pause dann Böhme zweimal. Und Ebbe Sand zum Endstand. 5:3, sie hatten tatsächlich alles gegeben. Ein Wechselbad, das Wasser bis zum Hals. Der Abpfiff dann die vermeintliche Erlösung. Weil auch drüben in Hamburg noch ein Tor gefallen war. Sergej Barbarez, 90. Minute. Schalke nun doch wieder vorne, punktgleiche Punktlandung.

Und Rollo sagt dem Assi, sagt Menze, ihr seid Meister. Alles klar, jetzt hamm was. Und dann sehe ich, wie der Andy Möller ihm nach dem Abpfiff in die Arme springt.

Wie das Publikum jede Form verliert, die Menschen sich über den Rasen ergießen. Offene Münder, diese unfassbare Freude. Trommler, die aus dem Takt geraten sind. Kutten, die mit Kutten tanzen.

Aber in Scheißhamburg, sagt Menze, war noch nicht Schluss.

Bodo Menze, er konnte es hören. Vier Minuten Vergänglichkeit. Denn wenige Plätze entfernt saß noch einer und hatte ein Kofferradio am Ohr. Konferenz, WDR 2. Die Schlusssekunden so laut, dass alle anderen mithören konnten, während unten auf dem Feld der Lärmpegel schwoll, Schalke schon Meister war. Doch Bodo Menze saß nah genug dran, um zu wissen, dass die Bilder nicht zusammenpassten, mit der Stimme aus Hamburg. Denn im Radio des Nachbarn wurde noch immer gespielt.

So muss man sich nun die Nachspielzeit, die ganze Verzweiflung gleich wieder mitdenken. Diese Ohnmacht der Schalker auf den Bänken, die längst mehr wussten als die Schalker auf dem Rasen. Bodo Menze hat dann versucht, die Worte weiterzugeben. Durch die Reihen, von der Tribüne bis auf den Rasen. Verzweifelt bereits, schrille Post. Vergeblich jedoch, unerhört sowieso. Bis auf der Anzeigetafel plötzlich Bilder aus Hamburg liefen. Die doch noch letzten Sekunden. Das Unvermeidliche nun übergroß auf der Leinwand. Die Masse nun beinahe verstummt, im Unglauben erstarrt. Weil es doch nicht vorbei war. Und weil es dann, bekannte Dramaturgie, es noch einen Freistoß in Hamburg gab.

In der 94. Scheißminute, sagt Menze.

Fast gurgelt er die Wörter dabei, immer noch aufgewühlt.

Im Radio des Nachbarn, blechern im Koffer, war gleich ein

Name gefallen. Mathias Schober. Die wirklich hässlichste Pointe. Denn Schober, ausgerechnet ist die Vokabel dazu, war damals nur ausgeliehen. Von Schalke nach Hamburg. Und Menze kannte ihn gut.

Der war, erzählt er, einer der ersten Spieler, denen ich auf Schalke begegnet bin. Damals in der B-Jugend. Der erste Jahrgang in der Schmiede.

Und so kam nun doch wieder alles zusammen. Der Pfiff, der von nun an ewige Rückpass. Der von nun an bekannte Rest dieses Tages. Der Freistoß für die Bayern. Andersson, der Ausgleich. Vier Minuten, Bodo Menze hat noch das Ticken im Ohr. Das Dröhnen des Schicksals.

Die monströse Gleichzeitigkeit der Emotionen.

Die Spieler, erzählt er nun, waren mit einer Rolltreppe nach oben gefahren. Auf die Tribüne, dort lief ein Fernseher, und sie dachten, das wäre eine Wiederholung. Bilder, von anno dazumal. Und als sie gemerkt haben, dass das live war, und als dann das Tor fiel, da waren alle leer. Dann weinten die ersten. Das große Tränenmeer.

Das, sagt er, macht mich immer noch traurig.

Und Bodo Menze, der als echter Schalker natürlich auch seinen Verein und alle Mannschaften duzt, gerät nun einigermaßen in Rage. Er hat sich jetzt gänzlich hineingedacht in diesen Moment des Scheiterns. Ein Wahnsinn, das alles.

Du, sagt er also, kannst so eine Meisterschaft eigentlich gar nicht versauen. Und trotzdem läuft das Schicksal immer wieder gegen uns.

Schalke, Religion. Die große Litanei.

Andererseits, sagt er, wenn du Schalker bist, erwartest du das schon. Du bist damit groß geworden. Du musst das ertragen. Du musst das fast klaglos hinnehmen. Bayern kann jeder, Schalke muss man wollen.

Dann lacht er, vielleicht zum ersten Mal an diesem Nachmittag. Bodo Menze sagt Du und meint Wir. So ist das auf Schalke, königsblaue Sippenhaft. Wenn sie den Pokal gewinnen, dann gemeinsam. Und wenn sie absteigen, dann natürlich zusammen. Vier Minuten, geteilte Zeit. Bodo Menze, nun schaut er in den Himmel, als könnte von dort noch einmal das Unheil hereinbrechen. Ein Halunke hinter drohenden Wolken. Wenig Blau an diesem Tage. Dann folgt ein Stoßgebet, ein kurzer Gruß nach oben auch.

Das berühmte Zitat. Rudi, sagt Menze, ich bin bei dir. Ich glaube auch nicht mehr an den Fußballgott.

Rudi Assauer und Bodo Menze, der Chef und sein Abteilungsleiter, sie haben sich an diesem Tag im Mai nicht mehr gesehen. Und auch später nie darüber gesprochen. Weil es, erzählt Menze jetzt, bei ihm wie auch bei mir nur Wunden aufgerissen hätte. Vier Minuten, zu wenig Zeit zum Vergessen. Er winkt ab, eine Assauergeste. Menze, hätte der Rudi gesagt, hör auf mit dem Scheiß. Lass mich in Ruhe damit.

So konnte die Zeit vergehen.

Rudi Assauer ist vor bald drei Jahren gestorben, zu seiner Trauerfeier kamen mehr als 1000 Gäste. Es gab Bier und Bratwurst. Bodo Menze war auch dort. Damals, so fühlte es sich an, mussten die Schalker auch ein Stück Schalke zu Grabe tragen. Die Seele dieses Vereins.

Bald ist wieder Mai.

Die Schalker, sie sind damals Zweiter geworden. Und haben nur eine Woche später den Pokal geholt. 20 Jahre später sind sie abgestiegen, plötzlich Zweite Liga. Und vielleicht waren sie nie weiter von der Schale entfernt als heute.

Aber, sagt Bodo zum Abschluss, ich gebe die Hoffnung für die Zukunft nicht auf.

Bodo Menze, er glaubt noch dran.

Er hat schon so viel gesehen.

Vor einigen Jahren ist er auch Patrick Andersson noch einmal begegnet. Am Rande der Champions League. In Nyon wurden die Gruppen ausgelost, und Menze war als Botschafter vor Ort. Königsblaue Königsklasse. Auch das eine Erinnerung, die geblieben ist. Irgendwann jedenfalls stand der Schalker dem Schweden gegenüber. Bodo Menze, er hat dann einen kleinen Moment mit sich gerungen, aber am Ende kein Wort über die Lippen gebracht.

Ich konnte ihm ja keinen Vorwurf machen, sagt er jetzt noch, wieder Abschied vom Parkstadion.

Und was hätte ich auch sagen sollen, dass er das Tor nicht hätte machen sollen?

Dann geht er. Und zurück bleibt ein Fragezeichen.

WIR FUHREN NACH BERLIN

Es war ein Tag wie aus dem Bilderbuch.

JOACHIM KRÓL

Jeder von uns hatte seinen ganz eigenen Filmriss.

FRIEDRICH KÜPPERSBUSCH

Ein Wort fällt ihm gleich wieder ein. Übermacht, dieses riesengroße Gefühl. Diese Dortmunder Hoheit im Westen Berlins. Die schiere Kraft der Anwesenheit, eine Insel im Fahnenmeer.

40 000 Borussen hatten sich damals auf den Weg gemacht, Finale gegen Werder Bremen.

Immer die A2 entlang, aus dem Pott an die Spree. Reichlich Bier und noch mehr Träume im Kofferraum.

Eine schwarzgelbe Karawane, so stand es hinterher in den Zeitungen.

Eine Invasion, hieß es später im Fernsehen.

Und er, Joachim Król, in Herne geboren, im Kino zuhause, war einer von ihnen. Ein Borusse, waschecht und trinkfest.

Auch er war dabei.

Im Stadion, die Augen auf der Torauslinie, gegen die Sonne. Und in den Kneipen, die Augen rot geheult vor Freude.

Auch er ist damals, selbstverständlich, Pokalsieger geworden. Berlin im Juni. Der BVB im Endspiel.

1989, als wäre es gestern gewesen.

Die Hitze des Nachmittags, sie ist deshalb sofort wieder bei ihm. Der Jubel am Abend, er hat ihn noch immer im Ohr. Dazu den Schlachtruf, diesen Gruß an die Hauptstadt.

Berliner, wir lieben euch! Wir holen euch hier raus!

Diese Chöre, in denen die Geschichte schon schwang. Wendegedanken, geteilte Erinnerungen. Und überall, auf den Plätzen, neben und über ihm und über den Köpfen, überlebensgroße Bananen, aufgeblasener Übermut.

Ein Wahnsinn, sagt er. Und malt gleich wieder Bilder. Hinein in das Regengrau der Gegenwart.

Joachim Król steht jetzt am Bahnhof Zoo in Berlin und schaut auf die Kreuzung. Durch den Verkehr, 33 Jahre danach. Unter dem dunklen Mantel, der gedeckten Zurückhaltung des Sonntagabend-Ermittlers, trägt er den Schlachtenbummler von einst, Erinnerungsgesten. Früher, er deutet nach rechts, hingen dort noch ein Pils und ein Ball an der Fassade. Früher, weiter hinten, standen noch leicht bekleidete Puppen im Fenster. Und drüben, er deutet nach links, gab es noch diese Kneipe. Ein bisschen Heimat vom Fass, rote Buchstaben auf dem Dach eines geduckten Gebäudes aus Stahl und aus Glas. Von weithin gut sichtbar. *Dortmunder Union-Bier*. Ein Schriftzug als Einladung.

Plötzlich Heimspielgedanken.

Das war ein Blickfänger, sagt er, vor allem für uns.

Dortmunder Jungs, Lokalpatrioten. Das passte natürlich.

Das, mit Verlaub, konntest du dir nicht besser ausdenken.

Es war, sagt Król jetzt, ein Tag wie aus dem Bilderbuch.

Damit beginnt seine Erzählung, diese ganz persönliche

Reise ins Glück. Und wie jede gute Endspielgeschichte beginnt sie natürlich schon 36 Stunden vor dem eigentlichen Finale. In einer Wohnung im Dortmunder Norden, ein paar Abstöße entfernt nur vom Borsigplatz, dieser brüchig asphaltierten Wiege des Vereins. In der Küche eines Freundes, an den Türen eines blauen Ford Transit. Dazwischen palettenweise Dosenbier, Dortmunder Actien. Joachim Król ist damals nicht allein, sondern, wie es sich gehört, mit ein paar alten Kumpels in die Hauptstadt gefahren. Reisegruppe Schmiedeskamp, es gibt ein Foto davon. Er hat es mitgebracht nach Berlin, er hält es gleich mal ins Tageslicht. Ein Gruppenbild mit Kappe. Ein Schnappschuss, auf einem der Rastplätze entstanden. Darauf also zehn Männer, im besten Auswärtsalter. Männer, die Herne-West sagen. Und Nobby und Teddy, ohne dass es albern klingt.

Król hockt im Zentrum des Fotos. T-Shirt und Sonnenbrille, Schauspieler schon. Aber noch kein deutschlandweites Gesicht. Seine großen Erfolge, da ähnelt er seinem Verein, kamen mit den neunziger Jahren. *Wir können auch anders. Der bewegte Mann.* Deutsche Filmpreise mit Wortmann und Buck. Er, eine Woche zuvor 32 Jahre alt geworden, stand an der Schwelle damals.

Nun, stichprobenartig, zeigt er auf die Gesichter der anderen. Erst Peter Freiberg. Der Sänger, verantwortlich für den Soundtrack der Fahrt. Musikminister, sagt Król. Und links daneben der Jupp, mit Vollbart und Kappe, in Schwarz und in Gelb. Jupp, den sie Reiseleiter nannten, weil er sich um alles gekümmert hatte. Um die Tickets und die Schlafplätze, um die Anfahrt und vor allem ums Bier. Jupp, der damals bei der Brauerei tätig war, weshalb ihm eine nicht zu unterschätzende Menge Haustrunk zustand.

Deputate, sagt Król, die mussten wir dann erstmal verladen.

Treibstoff, als wollten sie die Karre damit betanken.

Und rechts neben ihm, den Blick abgewandt, die Jacke aus Jeans, hockt Schöni. Von dem wir später noch hören werden, weil er im Rausch des Abpfiffs den Anschluss verlor.

Und schräg oben schließlich, man erkennt ihn tatsächlich nur, wenn man ihn dort schon vorher vermutet, steht Friedrich Küppersbusch. Weißes Sweatshirt über einer hellblauen Jeans. Er, damals gerade erst freier Mitarbeiter beim *WDR*, ist heute Fernsehproduzent und Politkommentator. Vor allem aber noch immer Überzeugungsborusse, seitdem er als junger Mann übergelaufen, zusammen mit Lippens und Burgsmüller von Essen nach Dortmund gewechselt ist. Von der Hafenstraße auf die Südtribüne. Einer also, der an diesem Verein leiden kann, der die Spannung kaum aushält. Und deshalb am Spieltag jedes Mal auf sein Rennrad steigt und kilometerlang durch die Landschaft tritt, als könnte er den Ergebnissen auf diese Weise entkommen.

An die Fahrt nach Berlin denkt er deshalb wieder gerne zurück. Weil er das Ergebnis schon kennt, ihm der Sieg nach mehr als 30 Jahren nicht mehr zu nehmen ist. Damals aber, das weiß er noch, saßen auch die Zweifel mit im Wagen, dieses ja durchaus mögliche Scheitern. Da decken sich die Erinnerungen, über die Kilometer und die Jahre hinweg.

Wir wussten ja nicht, sagt Friedrich Küppersbusch, telefonisch an einem anderen Tag, was da kommt. Es hätte auch eine richtige Klatsche geben können.

Werder, sagt Król jetzt am Zoo, war der klare Favorit.

Werder, das waren Rehhagel und Votava, Rune Bratseth

und Jonny Otten. Das waren Schaaf und Neubarth und Reck. 1988 hatten sie die Meisterschaft an die Weser geholt und waren bis ins Halbfinale des Uefa-Pokals gekommen. Dabei das nächste Wunder im Rücken, diese fünf Tore gegen Dynamo. Die Bremer pfiffen lässig auf dem kleinen Finger, sie kannten Berlin. Sie hatten den Erfolg und auch die Erfahrung auf ihrer Seite.

Der BVB hingegen, das waren die jungen Möller und Helmer, später erst Stars, und der am Knie beschädigte Dickel, von dem niemand genau wusste, ob er überhaupt spielen würde.

Wir waren damals, sagt Küppersbusch, weit entfernt von der internationalen Klasse der Neunzigerjahre.

Die Dortmunder hatten bleierne Jahre im Kreuz. Abstiegskämpfe, Verluste, Sorgen, ein Auf und Ab. Sie kamen gerade wieder aus dem Keller zurück.

Wir kamen als Außenseiter, sagt Król, wir waren der klassische Underdog.

Und doch hatten sie neben berechtigten Zweifeln auch eine wahnsinnige Vorfreude in den Wagen gepackt, die große Lust auf den Tanz mit der eigenen Geschichte. Endlich mal wieder Finale, das war das Gefühl dort im Transit, endlich mal wieder die Chance auf einen Titel. 23 Jahre nach Glasgow. Diesem 2:1 gegen Liverpool, Siggi Held und Stan Libuda, das die meisten von ihnen lediglich am Fernsehgerät miterleben durften. Einzig der Jupp hatte im Stadion gestanden. Hampden Park, an der Seite des Vaters. Sie waren damals noch Kinder gewesen. Sie hatten lang genug gewartet.

Also luden sie die Biere ins Auto und machten, weil einer von ihnen den Reisepass vergessen hatte, am Bahnhof noch

Fotos für das Tagesvisum. Dann fuhren sie los, A2 Richtung Nordost. Im Autoradio John Hiatt. Und die Traveling Wilburys.

Auf Kassette, sagt Król.

Und neben ihnen die anderen. Die Gleichgesinnten, die Auswärtsoptimisten. Die Schals im Fenster, zuversichtliche Daumen am Lenkrad. Ab und zu das laute Hupen einer leisen Hoffnung, noch 300 Kilometer bis zum Finale. Berlin, Berlin. Das alte Lied. Draußen Niedersachsen, drinnen Oberwasser.

Die Laune, sagt Król, war kurz hinter Rhynern schon bestens.

Der Haustrunk, sagt Küppersbusch, war kurz vor Helmstedt schon weg.

So kamen sie an den Grenzübergang. Marienborn, Motor aus. Kontrolle, scharfkantige Blicke unter tellerförmigen Mützen. Die Grenzer, Król nennt sie Sachsen.

Das ist geblieben, bis heute.

Das war ja, sagt Küppersbusch, das letzte Finale im geteilten Deutschland. Das letzte Finale, zu dem man als Wessi durch den Korridor musste. Mit dem Transit, nun ja, durch den Transit.

Marienborn, sagt Król, das war immer Geisterbahn.

Da verstummten die Redseligen, da hörten die Witze plötzlich auf, und man stand in der Schlange und bangte.

Die Grenze, das war nun mal auch ein bisschen so wie Pokal, wusste doch wieder niemand, ob man diesmal wirklich weiterkam.

Und dann stieg der Jupp aus dem Wagen. Der Reiseleiter, mit reichlich Haustrunk in der Blutbahn. Vorübergehend auch Diplomat.

Der, sagt Küppersbusch, wollte sich bei den Grenzern für die Panzersperren bedanken.

Hüfthohe Pyramiden aus Beton, wie üblich mit einem schwarzen und einem gelben Streifen markiert.

Und der Reiseleiter hielt diese Farben für eine Geste der Völkerfreundschaft, für den fast schon sprichwörtlichen Wink mit dem Zaunpfahl. Und die Männer, einigermaßen fassungslos im Transit, waren sich sicher, dass sie ihren Freund erstmal nicht wieder sehen, dafür aber das Wochenende im Verhörraum verbringen und damit, härteste Konsequenz, auch das Finale verpassen würden.

Aber, sagt Küppersbusch, es ging dann wundersam gut aus.

Daran, sagt Król, kann ich mich schon gar nicht mehr erinnern.

Am Abend dann hielt der Transit in Kreuzberg, tatsächlich Berlin. Und die Männer schliefen beim Schwager des Fahrers, auf Matratzen, dem Boden, auf Stühlen und unter Tischen. So gut es halt ging, bis ihnen der neue Tag unter die Lider kroch. Draußen die Sommerhitze der Stadt, draußen schon wieder die ersten Gesänge. Noch acht Stunden bis zum Finale.

Wir sind dann, sagt Król, von Kreuzberg aus zu Fuß gegangen. Bis zur Gedächtniskirche.

Denn dort waren schon alle, ein bisschen Borsigplatz am Europacenter. Und vor jeder Kneipe am Weg standen die Leute in Scharen, trugen ihre Farben am Leib. Wehten die Stimmen herüber. Die ganze Stadt, rief ihnen einer entgegen, ist schwarzgelb. Der Dickel, raunte ein anderer, spielt vielleicht doch. Und in den Straßen, irgendwo zwischen Mehring- und Kurfürstendamm,sind den Männern auch die ersten Bananen begegnet.

Die, sagt Król, waren einfach überall. Im Schwitzkasten der Spielfreudigen. Lässig unter der Achsel, siegesgewiss über die Köpfe gehoben wie die schönste Trophäe.

Werner Wirsing, ein durchaus schwergewichtiger Unternehmer aus Dortmund, seit jeher umtriebig und bauernschlau, und vom BVB wohl auch deshalb zum Projektleiter Endspiel bestimmt, hatte die Bananen, metergroße Plastikteile, bei Chiquita bestellt. Unentgeltlich, versteht sich. 1000 Stück, mit dem blauen Logo auf der Flanke. 1000 Stück, mit BVB-Aufklebern veredelt. Ein irrer Coup, denn die Bananen sollten zum Sinnbild der Invasion werden, luftpralle Maskottchen der Karawane. Hundertfach auch auf den Tribünen des Stadions, Insignien einer Dortmunder Leichtigkeit.

Diese Idee, sagt Król heute, hat dem Ganzen diese Dominanz verliehen. Dieses optische Übergewicht.

Die Bananen hatten das Stadtbild gefärbt, grellgelbe Pinsel. Und passten damit wunderbar in die Stimmung eines Tages, an den sich auch Król vor allem in warmen Farben erinnert. Weil es trotz der Massen nie bedrohlich wurde.

Dortmunder und Bremer, sagt Küppersbusch, waren keine Fressfeinde.

Da, sagt Król, gab es viel gegenseitigen Respekt.

Friede, Freude, Eierkuchen. Eine Woche vor der ersten Love Parade in Berlin.

Am Zoo schließlich nahmen die Männer den Bus. Linie zum Stadion. Und trennten sich dann.

Die Karten, sagt Król, hingen nicht zusammen, waren wild über die Blöcke verteilt.

So saß am Ende fast jeder für sich. Joachim Król, das weiß er noch genau, hatte einen der guten Plätze erwischt, die richtige Seite zudem. Am Rande der Kurve, schräg gegenüber vom Marathontor. Er schaute die Grundlinie entlang, er hatte die beste Sicht auf die Dinge. Denn dort fielen vier der fünf Tore. Das erste von Riedle, die frühe Führung der Bremer. Dann, zweite Hälfte, die drei Dortmunder Buden. Mill und Dickel und Lusch. 4:1, dabei blieb es. Und Król, nass geschwitzt bis auf das Lächeln, stand mittendrin und versuchte, seinen Augen zu trauen. Sie hatten es tatsächlich geschafft. Der Nobby, Susi und Frank. Der Jupp, Schöni und er. Sie hatten den Pokal geholt. Die Tribüne im Taumel, der Rückweg im Rausch. Die dritte Halbzeit, so ist das nach ganz großen Siegen, spielten sie selbst. Wobei sich die nun folgenden Stunden längst nicht mehr sauber rekonstruieren lassen. Zersplittert, in ein Mosaik aus Momenten.

Mit der Erinnerung, sagt Joachim Król, ist es ja so eine Sache.

Jeder von uns, sagt Friedrich Küppersbusch, hatte seinen ganz eigenen Filmriss.

Erstmal aber, so viel ist sicher, ging es wieder zum Zoo. Hinein in die Dortmunder Kneipe, zurück an den Tresen. Alle miteinander ziemlich aus dem Häuschen. Nur Schöni war ihnen in den Wirren abhandengekommen. Aber, da waren sie sich einig, der würde den Weg schon noch finden. Der wusste ja, wo es hingehen sollte. Nächste Station, nach Kreuzberg zurück. Treffpunkt Gneisenaustraße.

Parole Malheur. So hieß der finale Laden des Abends. *Malheur*, kennt jeder.

Die Kneipe, sagt Król jetzt, haben wir im Handstreich genommen.

Die nächste Invasion, schwarzgelber Karneval. Jedes Herrengedeck eine Ehrenrunde, jede Umarmung ein Kneifmichmal. Und irgendwann stand Joachim Król auf dem Tresen und dirigierte, Krawallkarajan, einen Dortmunder Chor. Borussendisko, wieder Borsigplatzverhältnisse.

So etwas, sagt er, hat es nie wieder gegeben.

Und irgendwann, im wahrsten Sinne des Wortes ernüchtert, kam auch Schöni durch die Tür. Von den Freunden empfangen wie ein tagelang verschütteter Kumpel.

Schöni, so geht seine Geschichte, hatte sich selbst in die Irre geführt. Im Taxi verloren. Mit einem sehr klaren aber eben auch sehr falschen Auftrag an den Kutscher. Ins Milieu! So war er am Stadtrand gelandet, so musste er seine Uhr für die Rückfahrt verpfänden. Im *Malheur* nun riesengroßes Gelächter. Schöni, Endspielcharakter. Darauf noch einen, und noch einen dazu. Die Lampen an, bis die Sonne wieder aufging.

Das *Malheur*, nur der Vollständigkeit halber, ist heute Swinger-Club. *Zwanglos III*, kauert kahl im Verkehr.

Und wirbt mit schwarzer Schrift auf gelbem Grund.

Es gibt keine Zufälle, sagt Król. Solche Ecken vergessen ja nicht.

Danach dann die Rückfahrt. Wieder Korridor wieder Marienborn. Diesmal jedoch ganz anders. Die wahrscheinlich letzte, aber sicher schönste Überfahrt. Weil die Sachsen Siegern gegenüberstanden. Und überhaupt nicht wussten, wie ihnen geschah. Denn als die Kolonne wieder dort hielt, mittendrin auch der Transit, Jupp und Schöni und Król, stiegen die ersten aus ihren Wagen, liefen zum Schlagbaum und legten den Beamten ihre Schals um den Hals, andere baten zum Tanz. Ein Dutzend Tellermützen, sicher tausend Schlachtenbummler. König Fußball auf Durchfahrt, bisschen Südtribüne an der Ostgrenze. Und eine Generalprobe auch, wenn man so will, für den 9. November.

Berliner, wir lieben euch! Wir holen euch hier raus!

Als hätten die Borussen für einen flüchtigen Moment einen Spalt in den Vorhang geschnitten. Die Geisterbahn als Tollhaus, die Karawane als leicht entrückte Vorhut der Wende.

Das, sagt Król heute, war der Tag, an dem Marienborn seinen Schrecken verlor.

Und in Dortmund schließlich hatten sie den Borsigplatz, den schwarzen Asphalt des Kreisverkehrs, tatsächlich gelb gestrichen.

Was nun noch bleibt, ist die Rückschau. Das unbedingt nötige Schwelgen, Gruppenbild mit Trophäe.

Das, sagt Król also jetzt, war deshalb so bombastisch, weil die Zutaten stimmten.

Diese Mischung, im gerade richtigen Verhältnis. Ein Cocktail, hochprozentig und grelleuphorisch. Die ganze Truppe, die Stimmung. Erst das Bangen, dann die Tore von Dickel. Die schlechten Witze, davor und danach. Und der Pokalsieg natürlich, als sowieso letztgültig beste Pointe.

Zwei Tage Berlin, zwei Tage im Rausch.

Joachim Król war seitdem immer wieder hier in der Hauptstadt. Das Olympiastadion im Flutlicht. Hinterher Konfettikanonen, goldener Regen. Er hat das Wunderspiel gegen die Bayern gesehen und die Niederlage gegen Wolfsburg. Klopps letzte Partie. Die Dortmunder, sie sind ja längst Stammgäste hier.

Aber, sagt Król, die Liebe zum Pokal ist damals entstanden.

In dieser Schüssel ohne Dach. Im Transit und im *Malheur*. Jeder spätere Titel immer auch ein Echo des ersten.

Die Männer, sie haben sich dann irgendwann aus den Augen verloren. Die einen mehr, die anderen weniger. Wie das so ist, wenn aus Freundschaften Begegnungen werden, im Zufall der Tribüne. Das Finale allerdings hat sie noch einmal zusammengebracht, auf den Tag genau zehn Jahre danach.

Da saßen sie dann, schöne Party im Garten von Peter Freiberg, die alten Lieder im Ohr. Jupp und Schöni und Küppersbusch. Und irgendwann ging die Klingel und Norbert Dickel stand dort.

Den, sagt Król, hatte ich eingeladen.

Heimlich, ein Freund mittlerweile. Ein Überraschungsgast jetzt. Der Nobby, unter dem großen Jubel der Männer. Sie haben das Spiel dann gemeinsam geschaut.

Auf Kassette.

Und am Ende stand es wieder 4:1.

Und am Ende war Berlin wieder ganz nah.

AUS DER DISTANZ

Ein Lothar Matthäus braucht keine dritte Person. Er kommt sehr gut allein zurecht.
LOTHAR MATTHÄUS

Es ist ein Heimspiel für Lothar Matthäus, der Auftakt am 10. Juni 1990. Deutschland gegen Jugoslawien im Giuseppe-Meazza-Stadion von Mailand. 1988 war er zu Inter gewechselt und hatte gemeinsam mit Andy Brehme gleich den Scudetto gewonnen, die erste Meisterschaft des Vereins nach neun langen Jahren. Gegen Neapel und Maradona. Die Italiener nennen ihn, den 1,74 Meter großen Franken, Il Grande seither. Und singen nun seinen Namen, oben auf den Rängen. Obwohl er ihr schwarzblau gestreiftes Leibchen, dem Anlass entsprechend, gegen das weiße Trikot mit dem Adler getauscht hat. Lothar Matthäus spielt hier, draußen in San Siro, in seinem Wohnzimmer. So erzählt er es bis heute.

Sein Rasen, sein Wimbledon.

Die Matchbälle, hier gehören sie ihm.

Das erste Spiel, hatte der Kaiser gesagt, ist das wichtigste. Das muss man gewinnen, damit keine Unruhe aufkommt.

Und Lothar Matthäus hatte verstanden.

Beckenbauer und er waren vier Jahre zuvor im Finale gescheitert, an Argentinien und Maradona, diesmal wollen sie den Titel gewinnen.

Und gleich zu Beginn alle Zweifel beseitigen.

Matthäus ist mittlerweile 29 Jahre alt und auf dem Höhepunkt seiner Laufbahn angelangt. Beckenbauer hat ihn zum Kapitän bestimmt und so trägt er mit der Binde auch das Vertrauen des Teamchefs. In den Interviews, nach dem Spiel oder am Rande, kämpft er mit der Grammatik. Auf dem Platz aber ist er es, der die richtigen Zeichen setzen soll.

Und er tut genau das. Ist sofort da, die Mitte des Spiels. Ein Zehner im besten Sinne und eben noch nicht der traurige Libero der späten Jahre. In der 28. Minute trifft er, ungewohnt und ungewöhnlich, mit links. Die Tifosi jubeln mit den Gästen aus Deutschland. Dann erhöht Klinsmann, auch einer von ihnen, Tedesco. Die Jugoslawen allerdings, ein gar nicht so geheimer Geheimfavorit, kommen noch einmal zurück.

Davor Jozić.

Danach Stille.

Dann aber, sieben Minuten nach dem Anschlusstreffer, nimmt sich Matthäus den Ball im Mittelfeld und beginnt ein Solo hinein in die Geschichtsbücher, paart Kraft mit Willen und Geschwindigkeit mit Eleganz. Ein Regisseur, der weiß, dass die nächste Szene nur ihm allein gehört. Die Jugoslawen bleiben Statisten, die Zuschauer können es nicht fassen.

Du kannst das, denkt er noch, das ist deine Distanz.

Dann schießt er. 63. Minute, 22 Meter.

Das Tor des Jahres. Deutschland gewinnt mit 4:1.

Der Anfang von allem.

Vielleicht, sagt der Kaiser hinterher, war es das beste Spiel seiner gesamten Laufbahn.

Vier Wochen später trifft Deutschland in Rom erneut auf

Argentinien. Die Revanche für 1986. Diesmal holt Lothar Matthäus den Titel. Irgendwann, lange nach dem Abpfiff, steht er in der Kabine. Nackt bis auf den Pokal. Und lacht. Der größte Triumph. Am Ende des Jahres wird er, als erster Deutscher überhaupt, von den Journalisten zum Weltfußballer gewählt.

Und doch passt es zu seiner bewegten Geschichte, dass nicht er es war, der das Tor zum Titel erzielen durfte. Als den Deutschen der entscheidende Strafstoß zugesprochen wurde, überließ er Andy Brehme den Ball und das Duell mit dem Elfmetertöter Goycochea. Weil ihm in der ersten Hälfte rechts die Sohle gebrochen war, er deshalb die Schuhe hatte tauschen müssen und sich mit dem neuen Paar schlicht noch nicht sicher genug fühlte.

So ist er der Weltmeisterkapitän, aber eben nicht der Weltmeisterschütze. Der finale Moment gehörte Brehme. Und die letzte Szene dieser Weltmeisterschaft dem Kaiser, allein auf dem Rasen des Olympiastadions.

Den Schuh, Größe 40 2/3, hat Matthäus irgendwann vergolden lassen und sich zu Hause an die Wand gehängt. Er ist, wenn man so will, das passende Souvenir seiner Karriere seitdem, in der alles möglich, am Ende aber immer etwas zu fehlen schien.

Das richtige Material, das nötige Glück, die verdiente Anerkennung.

30 Jahre später jedenfalls konnten die Menschen wieder über die Schuhe von Lothar Matthäus sprechen. Weil er an einem Samstagabend im Sommer zum Topspiel, zu weißem Hemd und blauer Hose, auch ein Paar Sneaker in Kirmes-Camouflage trug, die tatsächlich vermuten ließen, sein

jüngster Sohn habe sie kurz vor Sendebeginn noch eben aus Knetresten zusammengebastelt, eine neonfarbene Flickschusterei. Es waren Schuhe, die, um noch einmal eines der schönsten Matthäus-Zitate zu bemühen, zu keinem Gürtel der Welt passen dürften.

Im Internet wurden sie zur Attraktion.

Und drängten dem Zuschauer einen unmittelbaren Vergleich auf.

Damals und heute. Adidas und Puma. Der Copa Mundial in Schwarzweiß und der RS-X³ Plastic in Schreibunt. Matthäus in seinem Stadion am Rande von Mailand, den Ball am Fuß. Matthäus in einem Studio am Rande von München, den Sender auf der Brust. Zwei Modelle, zwei Bilder. Zwei Karrieren auch. Wobei man die eine in Rekorden bemessen, die andere jedoch an Schlagzeilen entlang erzählen kann.

Lothar Matthäus ist jetzt 60 Jahre alt. Und liefert noch immer zuverlässig Stoff für Gespräche am Montag danach. Oder am Donnerstag dazwischen. Nur tut er dies anders, als man es damals, im Taumel des Titels, vermutet hätte.

Er, das dachte man 1990 ganz kurz, hätte ja durchaus der Nachfolger von Franz Beckenbauer werden können.

Als Teamchef beim DFB.

2012 aber wurde er der Nachfolger von Steffen Freund.

Als Experte bei *Sky*.

Ein Neuanfang, der vielen als Tiefpunkt erschien. Als Eingeständnis, eine letztgültige Kapitulation vor den Umständen, die er selbst geschaffen hatte. Lothar Matthäus, Weltmeister und Ehrenspielführer, wollte immer Trainer werden, und war es dann auch für ein paar Jahre.

Il Grande, mit durchwachsenem Erfolg. Nun sollte er die Trainer der Liga, nicht wenige ehemalige Weggefährten, zum Spieltag befragen, es klang wie Hohn. Und war doch seltsam folgerichtig.

Wenn 1990 wirklich der Höhepunkt war, wenn Lothar Matthäus in Rom tatsächlich den Gipfel erklommen hatte, dann zog sich sein Abstieg von dort über zehn lange Jahre. Das Spiel gegen Jugoslawien war sein 75. für die deutsche Nationalmannschaft, es sollten noch einmal so viele folgen. Ein weiterer Titel aber blieb ihm verwehrt. Irgendwann wurde Matthäus zum Libero umerzogen, der letzte Mann. Nicht nur die Zeit nagte an ihm. Dann ging er nach New York, kämpfte auch dort mit der Sprache und wurde schließlich Übungsleiter bei Rapid. Und natürlich begleiteten ihn die Kameras auch nach Wien, saßen gleich mit auf der Bank. Lothar Matthäus war da längst zu einer gläsernen Figur geworden. Immer im Flutlicht, immer verfügbar.

Er hatte ja, als Spieler in München noch, einen faustischen Pakt mit dem Boulevard geschlossen. Der Tor des Jahres.

1997 druckte die *BILD* sein geheimes Tagebuch.

Ein Eigentor.

Es kostete ihn die Kapitänsbinde.

Und immer waren da die Frauen, die Blitzlichtbeziehungen und Staatsaffären. Ganz kurz liebte er auch Maren Müller-Wohlfahrt, die Tochter des Bayern-Arztes, von dem es hieß, er könne mit den Händen sehen.

Matthäus, das wussten die Menschen mittlerweile, dachte nicht nur mit den Füßen.

Er trägt sein Herz auf der Zunge, sagte seine erste Ehefrau. Und vielleicht war das nicht der rechte Fleck. Lothar Matthäus konnte nichts für sich behalten. Wechselte die Partnerinnen, wechselte die Vereine. Das öffentliche Scheitern als

Markenkern. Bis nicht mehr klar war, wovon es nun mehr gab: Ex-Frauen oder Ex-Klubs.

Er, der in der Nähe der Scala spielen durfte, hatte sein Leben zu einer Seifenoper umgestaltet, wie sie sich nicht einmal Franz Josef Wagner, seinerzeit noch Chefredakteur der *BUNTE*, hätte glitschiger ausdenken können.

Und zu Hause in Deutschland lachten sie über ihn.

Beobachteten den Fall aus der Ferne.

Er sei enttäuscht, sagte Matthäus in einem Interview zu jener Zeit, wie Deutschland mit seinen Helden umgeht.

Ihm ging es da wie vorher schon Boris Becker. Auch ihm hatten die Deutschen im Überschwang des Erfolgs den Nachnamen entzogen. Bobbele und Loddar, der Franke und der Leimener, sie waren Söhne des Volkes, zwei Buben in weißen Leibchen. Als Erwachsene aber wechselten sie vom Sport in den Klatsch. Besenkammerspiele.

Becker ging irgendwann nach England, zurück in sein Wohnzimmer, das er von seinem Wohnzimmer aus sehen kann. Matthäus ging in die Offensive.

Er kannte nichts anderes.

Zurück aber konnte er auch nicht.

Solange ich und der Kalle Rummenigge etwas zu sagen haben, erklärte Uli Hoeneß, Bayerns mächtiger Manager 2002, wird der nicht mal Greenkeeper im neuen Stadion.

Auch ein Zitat, das an Matthäus haften blieb, obwohl es gar nicht seines war.

Ihm geht es da bis heute wie den Schuhen, die er trägt. Auch sie kommen aus Herzogenaurach, auch sie gelten draußen in der Welt seit jeher ein bisschen mehr als daheim.

2002 fand Matthäus eine Anstellung in Belgrad.

Partizan, ehemaliges Jugoslawien.

Die Serben hassten ihn für sein Tor, er liebte sie für ihre Schönheit. Wurde Meister und führte den Klub in die Champions League. Danach wurde er Nationaltrainer in Ungarn, und schlug die Deutschen in Kaiserslautern, Juni 2004. Kein Heimspiel für ihn, aber sein vielleicht persönlichster Sieg.

Drei Wochen später erklärte Rudi Völler seinen Rücktritt. Und ganz kurz schien noch mal etwas anderes möglich, da tauchte auch sein Name auf. Die Rückkehr, ein Raunen.

Teamchef Matthäus.

Den Posten allerdings bekam dann Jürgen Klinsmann, sein Lieblingsfeind aus München.

Dann war die Tür zu.

Lothar Matthäus also ist nie Bayern- oder Bundestrainer geworden. Und vielleicht ist das, für alle und besonders für ihn, dann doch ein großes Glück. Weil ihm diese Unmöglichkeit erlaubt hat, noch mal etwas anderes zu machen.

Die Seiten zu wechseln.

Experte, das ist schließlich auch ein Titel.

Matthäus, der ehemalige Regisseur, hat sich hineingearbeitet in diese Rolle. Als Kritiker, der sich zu Wort melden muss, Wochentaktgeber. Dann wird er zitiert, dann hat er immer mindestens eine Meinung zu allem. Er ist jetzt einer von denen, die immer über ihn gelacht haben. Ein Journalist. Das betont er gerne und oft. Und natürlich sagt er, der 1,74 Meter große Franke, dann Schurrnalist.

Diese Zuschreibung ist ihm wichtig, sie legitimiert ihn. Die Anerkennung der einstigen Gegner, sie treibt ihn an. Und doch holt ihn auch hier der Fußballer immer wieder ein. Er macht dann, so sagt man das ja, einfache Fehler.

Vermeidbare Grätschen.

2018 etwa, als Per Mertesacker vom Druck berichtete,

der ihn krank machen konnte, da war es Matthäus, der den Zweikampf mit dem ehemaligen Nationalverteidiger suchte.

Mertesacker, sagte er damals, hätte ja aufhören können.

Es war ein Satz, der so altmodisch wirkte wie der Libero, den er einst geben musste.

Eine Position, direkt aus den 90ern.

Leitwolfsgeheul, live aus dem *Sky*-Studio.

Früher stand er oft richtig, heute liegt er auch gerne mal falsch.

So sagte er Jürgen Klinsmann in Berlin eine große Zukunft voraus. Er war da vom Projekt überzeugt. So gelang es ihm auch, in der Beiläufigkeit eines Halbsatzes, Lucien Favre in Dortmund zu entlassen und durch seinen Freund Niko Kovač zu ersetzen.

Dagegen war das mit den Schuhen nur eine Fußnote.

Im Studio aber ist das alles nicht so wichtig. Matthäus versendet sich. Und live vor Publikum ist er am Ende ohnehin immer wieder der Lothar, ein Bekannter. Da wird er schon beim Einlaufen von den Zuschauern gefeiert. Mit Sprechchören, mit der Welle. Ein bisschen Italien. Der abgewohnte Begriff des Kultstars, auch darin hat er sich eingerichtet.

Das Studio als Wohnzimmer.

In München, wo er vor langer Zeit zu Hause war.

Es gibt schlimmere Orte im Fußball. Diesem Geschäft, das wenig verzeiht. Die Werbung auf *Sky* erzählt davon, an jedem verdammten Samstag.

Dort steht dann plötzlich auch Thomas Häßler, in einem viel zu großen Anzug, vor einem viel zu großen Bildschirm. Nach Loddar kommt Icke, wenn man so will. Auch er ist Weltmeister geworden, gegen Jugoslawien spielte er an der Seite von Matthäus.

Nun dröhnt er, Wettanbieter, neben einem Halbnackten mit Megafon.

Lothar Matthäus ist währenddessen in der Maske.

Um zu erkennen, wie schwer es sein kann, in Würde zu bleiben, reicht also mitunter ein Blick auf die Zeitgenossenschaft, die einstigen Wegbegleiter. Die Helden von Rom.

Andy Brehme sitzt heute in Kaiserslautern und trifft Journalisten schon am Vormittag zum Aperol. Und Franz Beckenbauer hat, im Spätherbst, mit einem Sommer zu kämpfen, der vielleicht doch kein Märchen gewesen ist. Zuletzt sah man ihn auf der Tribüne in München, mehr Gestalt als Licht.

Lothar Matthäus aber ist Lothar Matthäus. Und manchmal, wenn er am Abend, Außendreh mit Pult, in dieser Arena steht, die gar nicht mehr so neu ist, auf einem Rasen, um den er sich nicht kümmern muss, dann ist das auch ein kleiner Sieg über die Prognosen.

Lothar Matthäus ist kein zweiter Kaiser geworden. Aber er ist dem Fußball treu geblieben, ohne sich kleiner zu machen als nötig. Das Studio, Experte, das ist die zweite Reihe. Klar.

Aber aus dieser Distanz, das weiß er seit über 30 Jahren, lassen sich herrliche Treffer erzielen.

NACHTSCHICHT

Ausgerechnet Schnellinger.

ERNST HUBERTY

Jahrhundertspiel also, 50 Jahre danach. Es ist eine Begegnung, zu der ich keinen Bezug habe. Die Aufstellung bekomme ich allein nicht zusammen. Beckenbauer, klar. Müller auch. Und der ewige Maier hinten drin. Aber sonst? Da müsste ich nachschauen oder jemanden fragen, der wirklich dabei gewesen ist. Im Stadion, daheim vor dem Fernseher. Ich bin kein Zeitzeuge, ich habe diese Partie nie gesehen. Nur das Ergebnis, das kenne ich. Aber ich weiß nicht, wann die Tore fallen und wer sie schießen wird. Weshalb ich an diesem Abend der genau richtige Zuschauer bin, unvorbelastet und unvoreingenommen. Ich kann noch überrascht werden, von den plötzlichen Wendungen, dem Hinundher dieser Partie, dem Draufunddran beider Teams.

So beginnt er. Dieser Versuch, über die Jahre hinweg.

Wieder 23 Uhr Ortszeit, wieder mitten in der Nacht.

So sollte es sein. Für das echte Gefühl.

In Mexiko-Stadt, im Estadio Azteca, wurde das Spiel damals um 16 Uhr angepfiffen, weshalb die Deutschen, müde aber fiebrig, vor ihren Fernsehgeräten und Radios saßen, um sieben Stunden versetzt. 23 Uhr, das war eine Zeit weit nach

Kulenkampff, lange nach der *Tagessschau.* 23 Uhr, das war kurz vor Testbild, da lagen die Deutschen sonst schon lange im Bett. Das war die Regel. Ganz selten allerdings haben sie sich Ausnahmen gestattet, dann den Wecker gestellt und starken Kaffee getrunken, gegen die Gewohnheit.

Am 20. Juli 1969, als Neil Armstrong auf dem Mond landete.

Am 8. März 1971, als Ali in New York gegen Frazier boxte.

Und dazwischen eben, an diesem 17. Juni 1970, als Deutschland auf Italien traf. Dieses Halbfinale eben auch ein Ringen der Schwergewichte, der Sport als Mondlandung. Und vor den Fernsehgeräten saß auch die Hoffnung, dabei zu sein, wenn Geschichte geschrieben wird. Bei mir auf dem Bildschirm läuft nun eine Übertragung aus Italien, in der groben Körnung der Erinnerungen. *RAI* aus der Röhre. Die verwaschene Tonspur der Nachbarn, sie bringt eine seltsame Fremdheit mit sich. Ich bin, das spüre ich sofort, in diesem Spiel nur Zaungast. Ein Beobachter, der die Wucht der Geschichte allein über die Bilder verstehen muss. Draußen Dunkelheit, hier drinnen verwackeltes Technicolor.

Alles beginnt mit der deutschen Hymne. Ganz rechts steht Hans-Hubert Vogts, der damals schon Berti gerufen wurde, also bereits einen Spitznamen tragen musste, der in seiner Verniedlichung eher einer Enthauptung als einem Ritterschlag gleichkam. Und wie er dort steht, ist auch klar, dass diese Bilder aus einer Zeit stammen, in der es die Kleinen noch gab, im Weltfußball und auf den Weltfußballplätzen.

Jetzt aber erstmal Müller und Beckenbauer. Blühen im Glanze. Seeler und Overath. Sind des Glückes Unterpfand. Den Rest muss ich raten, mir die Startelf während der letzten Strophe irgendwie zusammenreimen. Denn die Spieler tragen Nummern, aber keine Namen auf dem Rücken.

Der Kommentator hilft mir.

Maya, Numero uno. Schnällinga, Numero tre.

Ein bisschen zumindest.

Bei den Italienern, das höre ich noch heraus, steht Albertosi im Tor, und vorne lauern Riva und Boninsegna.

Womit dann auch alle wichtigen Protagonisten so weit eingeführt wären.

Irre ist aber, erste echte Beobachtung dieses Spiels, dass ich all diese Männer da unten im Grunde nur als ältere Herren kenne. Herren, die bestimmen und führen, die Bankettreden halten, nach großen Siegen und noch größeren Niederlagen, die sich zu Wort melden in jeder Krise und sonnen in jedem Erfolg, die Sommermärchenonkel und Sorgengroßväter. Präsidenten und Experten, die meine Gegenwart, den Fußball, mit dem ich aufgewachsen bin, immer zuerst aus ihrer eigenen Vergangenheit heraus bewertet und ihr Erbe laut und live im Fernsehen verwaltet haben.

Ich kenne sie anders, altehrwürdig, manche bereits gebrechlich. Hier aber stehen sie noch am Anfang oder erst kurz vor der Vollendung. Nationalspieler, die noch keine Weltmeisterschaft gewonnen, noch keinen Rekord aufgestellt haben.

Der Rasen von Rom ist noch 20 Jahre weit weg. Das Golden Goal in Wembley sogar 26.

In diesen Bildern, auf dem Rasen des Aztekenstadions, sind sie nun wieder bedeutend jünger als ich und sehen doch bedeutend älter aus. Eine seltsame Umkehrung der Zeit, als würde man ihre Zukunft, all die Erfolge danach, dennoch immer schon mitdenken.

Die Aufnahmen aus Mexiko kennen derweil keinen Überfluss, sie sind nüchtern, verzichten auf jeden Tand oder Schnörkel. Zwei Mannschaften, die eine in weißen, die andere in blauen Trikots, eine Kamera, ein Schiedsrichter. Ein Ball, grell im Anstoßkreis. Mehr gibt es nicht, weil es mehr nicht braucht. Deshalb also, ganz einfach, Anstoß.

Dann gewinnt Overath den ersten Zweikampf.

Und Schnellinger führt den Freistoß aus. Scheint so, als hätte er heute noch was vor.

Dann fällt das 1:0. Einfach so und viel zu früh. Boninsegna, dröhnt der Kommentator, der, von einer plötzlichen Euphorie erfasst, beinahe aus seiner Übertragung fällt. Von dort nun, am Rande des Wahnsinns, schaut er auf die Wiederholung. Bald aber beruhigt er sich wieder, und mit ihm beruhigt sich das Spiel, bis es zu stehen scheint. Nach 20 Minuten nur noch eine Masse aus Körpern. Als würden die Spieler die Zeit, von der sie ausreichend haben, mit jedem Pass in die Länge ziehen. Es ist eine Aufführung, die erstmal unglaublich weit weg ist von den Sehgewohnheiten der Moderne, dem Gegenpressing der Gegenwart.

Im Mittelfeld Spaziergänge (Beckenbauer), im Strafraum wilde Kämpfe (Müller und Seeler).

Dann bekommt Vogts den Ball an die Brust.

Und die Mannschaften stehen sich fremd gegenüber.

Lauern, tasten sich ab.

Zwei Duellanten, die erst noch feststellen müssen, mit welchen Waffen der jeweils andere gekommen ist.

Dann bekommt Vogts den Ball ins Gesicht.

Aber es bleibt eine Partie ohne große Höhepunkte, erstarrt im Gleichgewicht zweier Kräfte, die sich ihre Kräfte einzuteilen scheinen, im scheinbar einvernehmlichen Verzicht auf Körperlichkeit. Und damit auch ein Zeitdokument, ein Stillleben der Umstände, eine Begegnung am Beginn der 70er-Jahre, diesem Jahrzehnt, das sich zuerst über Ästhetik und nicht über Effizienz definiert hat, über Eleganz und nicht über Kraft. Die Bewegungen der Italiener, aufreizend und maßgeschneidert, erzählen davon. Beckenbauers Pässe, jeder einzelne mit dem Außenrist gespielt, ebenfalls. Es ist diese völlige Abwesenheit jeder Anstrengung, in der mir vor allem die Spieler selbst fremd bleiben. Ich leide nicht mit ihnen, ich fühle nichts. Sie sind auch jetzt, so kurz vor dem Ende der ersten Halbzeit, lediglich Namen aus einer entfernten Vergangenheit. Schwarze Nummern, auf die ich nicht setzen würde.

Lange Bälle von Müller, Schüsse von Overath mit der Pike. Unverständliche Seitenwechsel. Ihr Auftritt auch ein Verrat an den Möglichkeiten, an dem Echo, das sie erzeugen. Eine große Enttäuschung. Als würde man in der Zeit zurückreisen, ins New York der 70er-Jahre, ins Atelier von Andy Warhol, um ihm, dem großen Künstler, einmal bei der Arbeit zuzuschauen, und dann ertappt man ihn dabei, wie er Strichmännchen malt. Mit Buntstiften. Nach Zahlen.

So ist es ein Spiel, das in der Andeutung stattfindet, noch nicht zu Ende gedacht wurde. Eine Skizze nur. Und ein Jahrhundertspiel zudem, das sich tatsächlich so anfühlt, als würde es auch hundert Jahre lang dauern. Dann zeigt die Kamera Schnellinger, dessen Name im Angesicht der Geschwindigkeit des Spiels langsam wie Hohn klingt.

Dann fällt Vogts im Strafraum.

Dann schießt Grabowski über die Latte.

Dann ist Halbzeit.

Applausi, sagt der Kommentator. Immerhin.

Die Italiener führen, die Deutschen laufen rechts aus dem Bild. Und es gibt weder eine Analyse noch eine Werbung, nur einen Schwenk, einen Schnitt dazwischen vielleicht, und schon geht es weiter. Ganz so, als hätten wir, die Spieler auf dem Rasen, ich hier im Wohnzimmer, plötzlich keine Zeit mehr zu verlieren.

Dann beklagt Seeler ein Ziehen, doch der Schiedsrichter schweigt. Dann kommt Libuda.

Und vielleicht wissen die Italiener nicht um seine besondere Beziehung zu Gott, und vielleicht unterschätzen sie die Macht dieses Fingerzeigs, aber nun entgleitet ihnen diese Partie, während die Deutschen ausgerechnet im Chaos ihre Ordnung finden, als würden sie sich erst jetzt den ihnen zugeschriebenen Tugenden bewusst werden.

Denn urplötzlich, aus dem tatsächlichen Nichts der Trägheit, ändert sich die Stimmung, verschieben sich die Verhältnisse auf dem Platz. Zuerst kaum merklich, dann immer sichtbarer. Und so ist etwa eine Stunde gespielt, als noch mal etwas anderes losgeht und die Deutschen in ihre Erzählung hineinwachsen. Sie beginnen hier nun, mit jedem neuen Angriff, jeder Flanke und jedem Lauf, an ihrer eigenen Legende zu stricken. An diesem Stoff, den sie später als Mantel des Schweigens über die ersten 60 Minuten legen werden.

Dann trifft Overath nur die Latte.

Und Schnellinger spendet Trost.

Und Berti Vogts ist längst nicht mehr Abräumer, ist Flankenläufer jetzt. Ein Terrier, der sein Terrain, das ihm angestammte Revier, verlassen hat, um seiner Mannschaft zu helfen. In diesem Turnier trägt er die Sieben, die Nummer der Künstler, und er trägt sie in diesen Minuten zu Recht. Stürmt, wild entschlossen. Doch die Deutschen treffen nicht. Es sind Szenen, die ineinanderlaufen. Es sind Bilder, die sich über Bilder legen. Ein verwaschenes Mosaik aus Erinnerungen.

Held schießt, aber der Ball wird von der Linie gekratzt.

Seeler fällt, aber den erlösenden Pfiff gibt es nicht.

Müller dreht sich hinein in den Gegner, aber noch nicht am Gegner vorbei. Während den Deutschen erst Riva und dann auch die Zeit davonläuft. Das Stadion aber, 102 444 Zuschauer, scheint den Atem anzuhalten, weil doch noch etwas in der Luft liegt. Die Möglichkeit, dass uns noch etwas bevorsteht, dass dieses Ding hier noch nicht vorbei ist.

Und mit einem Mal merke ich, dass auch ich aufgestanden bin, es mich ebenfalls nicht mehr hält. Merke also, dass sich etwas verändert hat, mir diese Auswahl fremder Männer in dieser zweiten Hälfte, im Sturmlauf der Hoffnungen, in ihrer ehrlichen Aufgabe jeder Zurückhaltung, überraschend nahegekommen ist. Das hier ist jetzt auch meine Mannschaft, ich zittere mit ihr, ich peitsche sie nach vorne, allein vor dem Empfänger, in einer weit entfernten Nacht. Seeler, Grabowski, Müller. Da, bitte schön, muss doch noch was gehen.

Dann schießt Libuda über das Tor.

Und aus Zuversicht wird Verzweiflung, obwohl ich doch weiß, dass dies hier noch längst nicht das Ende ist.

Und es kündigt sich an. Der Ball, die Spieler, das alles läuft auf etwas hinaus. Hier ist nun, im Wissen der Rückschau, eine fast greifbare Zwangsläufigkeit entstanden.

Libuda, der an der Seitenlinie tanzt.

Held, der ins Straucheln gerät.

Seeler mit dem Rücken zum Tor.

Sie drängen auf den Ausgleich oder zumindest auf Gerechtigkeit.

Dann zögert der Ball auf der Linie.

Dann beginnt die Nachspielzeit.

Und wenn ich den italienischen Fetzen trauen kann, sind nur noch Sekunden zu spielen. 20, vielleicht. 40, wenn überhaupt. Egal. Noch einmal kommen die Deutschen, meine Deutschen natürlich, rennen an, unermüdlich.

Ein Einwurf, eine Flanke, eine Minute Nachspielzeit.

Der Ball ist bei Maier, dann außen bei Held.

Wieder Einwurf, Herztropfenstimmung.

Dann flankt Grabowski. Und Schnellinger, ganz allein vor Albertosi, springt in den Ball.

Das Tor, der Wahnsinn. Schnellinger, erleichtert in den Armen des Kaisers.

Dann klärt Vogts.

Dann pfeift der Schiedsrichter. Verlängerung.

Und so beginnt dieses Spiel nun, um kurz vor eins in der Nacht, tatsächlich noch einmal von vorne. Als hätte jemand, womöglich der Fußballgott selbst, die Uhren auf null gestellt. Die Deutschen, sie scheinen nun auch die Zeit auf ihrer Seite zu haben, und die Italiener stehen daneben, ungläubig, vom späten Ausgleich gezeichnet. Waidwunde Athleten, verloren im Dickicht der Nachspielzeit, beide Flanken offen. Und Müller, der den Instinkt dafür hat, diesen Riecher des Torjägers, wittert seine Chance und trifft unmittelbar, 94 Minuten gespielt.

Doch die Deutschen sind müde von den Kilometern zuvor, und die Italiener, die auch 42 Jahre vor Balotelli keine Gnade kennen, brauchen ihrerseits nur vier Minuten, um zurückzuschlagen. Burgnich, kalt in der Hitze, stellt das Spiel auf den Kopf.

Hier, im Kontrollverlust und in der Erschöpfung, hat nun

ein Spektakel begonnen, in dem selbst das nächste Tor, Riva in der 104. Minute, noch nichts entscheidet.

Denn dieses Duell ist spätestens jetzt genau das, was es ganz am Anfang schon sein wollte. Ein Grund, mitten in der Nacht wach zu bleiben. Ein Kampf zweier zukünftiger Weltmeister, ein Schlagabtausch ohne Deckung. Zwischen zwei Kontrahenten, die längst zu müde sind, um noch zu tänzeln, und mit letzter Kraft austeilen, die Treffer dafür umso härter. Es sind Antworten, die auf Antworten folgen. Bis sich keine Frage mehr stellt. Und Beckenbauer trägt den Arm eng am Körper verbunden. Gezeichnet, auch das ein Bild dieses Spiels. Der Kaiser als Schmerzensmann.

Und immer, wenn der Kommentator Boninsegna beschwört, wird es gefährlich.

Dann springt Sepp Maier ins Bild und auf den Ball, schmeißt sich hinein in die Angriffe der Italiener, als wollte er eine Ente mit bloßen Händen fangen, und begräbt die Spannung für Sekunden unter sich.

Und ich beginne zu begreifen, wieso dieses Spiel die Jahrzehnte überdauern konnte. Ganz klar, wer in dieser Nacht wirklich dabei war, konnte das danach nicht mehr vergessen, er war Zeuge geworden und musste die Szenen am nächsten Tag, beim Bäcker, in der Amtsstube, auf dem Bürgersteig vor dem Kiosk, gleich nochmal nachspielen. Welle um Welle. Angriff um Angriff, die Entfesselung der Künstler.

Dann trifft Müller. Findet die letzte Lücke in einer blauen Mauer.

Doch in den Jubel hinein fällt Rivera die Entscheidung.

Im Gegenzug, was natürlich, in seiner ganzen Kälte und Humorlosigkeit, eine durch und durch italienische Erfindung ist.

Das 4:3 der Italiener ist das letzte Wort an diesem Abend, es lässt auch mich sprachlos zurück. Obwohl ich mich so kurz vor einem Ende, das jeder kennt, genau damit nicht abfinden möchte und in mir noch die verwegene Hoffnung keimt, dass die Wirklichkeit hier nun doch eine Abzweigung nehmen, sich unter dem Druck der Deutschen krümmen könnte, zu einem Weg, der ins Finale führt. Mit einem dritten Treffer von Müller, einer letzten Anstrengung des Schicksals. Stattdessen aber nur und immer wieder: die Arme von Albertosi, der Kopf von Bertini, die Füße von Riva. Der Abpfiff. Vorbei.

Und die Italiener liegen am Boden, übermannt. Und die Deutschen stehen daneben, vom Ergebnis geschlagen.

Mir aber hilft in diesen Sekunden der Rückblick in die Zukunft, diese Draufsicht des Spätgeborenen. Weil ich, anders als Beckenbauer und Müller, genau weiß, wie es weitergehen wird. Weil ich weiß, dass das Ende dieses Turniers für diese deutsche Mannschaft auch der Anfang von etwas anderem ist. In Mexiko-Stadt hat den Deutschen ein Tor gefehlt. Ein Tor von Gerd Müller. 1972 in Brüssel gegen die UdSSR wird er zwei schießen, 1974 in München gegen die Holländer noch eines dazu.

Und so ist diese Niederlage, in der nächtlichen Überhöhung, auch eine, aus der selbst die Geschlagenen als Gewinner hervorgehen. Sie hatten schließlich alles gegeben, das gab es nicht oft. Und vielleicht liegt darin die Faszination, die ganze Essenz dieses Spiels.

100 Jahre in 120 Minuten.

DER SCHLIMME FINGER

Ich habe ein verflucht großes
Problem: Ich bin immer ehrlich.
STEFAN EFFENBERG

Es ist heiß an diesem 27. Juni 1994 in Dallas. Im Cotton Bowl Stadium, einer dampfenden Footballschüssel, in der sonst die Cowboys spielen, werden 50 Grad gemessen. Wildwestwetter, der Rasen flimmert. Auf den Tribünen schwitzen 63 998 Zuschauer im Gleißen der Nachmittagssonne. Unter ihnen auch 1000 Fans aus Deutschland. Sie sind gekommen, um ihre Mannschaft zu sehen, drittes Gruppenspiel gegen Südkorea. Eine Pflichtaufgabe für den Titelverteidiger, eigentlich Formsache.

Die Deutschen führten dann auch sehr früh sehr hoch.

Zweimal Klinsmann, einmal Riedle.

3:0, Normalität.

Nun aber, aus wirklich heiterem Himmel, steht es 2:3.

Und die Zuschauer blinzeln ins Gegenlicht, als könnten sie ihren Augen nicht trauen, längst hat sie der Unmut gepackt, hochrot in verbrannten Gesichtern.

Sie machen ihm Luft.

Und ihre Wut trifft einen dort unten besonders.

Stefan Effenberg.

Er trägt die 20 auf dem Rücken und schleppt sich über den Rasen, als würde er am Mittelkreis weiden. Schwerfällig, aufreizend. Der Profi des AC Florenz gilt gemeinhin als Feldherr im Zentrum, der die Zweikämpfe sucht, den Gegner gerne leiden lässt. In diesem Spiel aber muss er als Außenverteidiger aushelfen, und hat dort an der Linie irgendwann jede Haltung verloren, die Körpersprache ein Nuscheln, hilflos im Staub dieses Spiels.

Ein Sheriff, der sein Dorf schon aufgegeben, keine Lust mehr hat auf Duelle. Auch sein Schatten längst schneller als er selbst.

Und die Fans auf den Rängen fordern seine Auswechslung. Wollen, dass er dieses Feld, dessen Herr er nicht sein kann, endlich verlässt. Effe raus, brüllen sie.

Laut genug, damit es ihn trifft.

In der 75. Minute dann leuchtet seine Nummer am Spielfeldrand.

Hans-Hubert Vogts, als Bundestrainer noch einmal eine ganz eigene Geschichte, holt Effenberg vom Platz. Bringt Thomas Helmer stattdessen. Eine Erlösung, die einer Vorführung gleicht, weil sie dem Willen des Publikums folgt, Daumen runter. Effenberg kocht. Und auf dem Weg in die Kabine hält er seinen Mittelfinger in die Kurve. Es ist eine kurze Geste nur, ein Zucken, unmissverständlich und obszön. Seine Antwort auf die Chöre zuvor. Für den Bruchteil eines Augenblicks hängt sie in der Gegenwart.

Dann verschwindet Effenberg im Tunnel.

So kann, so soll es gewesen sein. Und doch ist diese Erzählung nur eine ungefähre, eine Annäherung. Weil sie ohne Bilder auskommen muss. Ohne den, wenn man so will, handfesten Beweis. Denn Effenbergs Finger ist kein Fernsehmoment geworden, er passierte im Abseits, im toten Winkel der Kameras. Es gibt keine Fotos davon. Es gibt lediglich Augenzeugenberichte, was jedoch reichen muss, weil es auch 1994 genug war. Egidius Braun, der damalige Präsident des DFB, ließ sich die Szene noch am selben Abend immer und immer wieder von den Anhängern schildern. Dann telefonierte er lange mit Berti Vogts. Am Morgen schließlich stand eine Entscheidung.

Stefan Effenberg, erklärte Pressesprecher Wolfgang Niersbach, gehört nicht mehr zur Mannschaft.

Solange ich Bundestrainer bin, sagte Vogts, spielt er nie wieder.

Ich schäme mich in tiefster Seele, sagte Braun.

Stefan Effenberg sollte das Mannschaftsquartier in Chicago dann auch so schnell wie möglich verlassen, die Rückflugtickets waren bereits ausgestellt worden. Blanko-Billetten, die bei Vogts in der Schublade gelegen hatten, für den Ernstfall. Sie waren der hilflose Versuch, den Schaden zu begrenzen, die Scherben zusammenzukehren, das Image einer Mannschaft zu retten, der es in den USA schlichtweg nicht gelingen sollte, die richtigen Bilder zu produzieren. Effenberg hatte da nur den sprichwörtlichen Finger in eine eh schon offene Wunde gelegt. Und dachte auch gar nicht daran, das Angebot eines leisen Abgangs anzunehmen. Erst einmal wandte er sich mithilfe der *SPORT BILD* in seinen eigenen Worten an die Öffentlichkeit. Eine Offensive, mit der er sich verteidigen wollte, erzählte dabei von den Provokationen der Fans und bat um Verständnis. Die Anspannung, die Hitze. Sie wissen schon, Reueschwüre.

Währenddessen allerdings hatte er gemeinsam mit seiner

Frau Martina ein Zimmer im *Residence Inn* bezogen, das in Rufnähe zum *Oak Brook Hotel* lag, der Unterkunft seiner ehemaligen Mannschaftskameraden. Dann lud er Thomas Häßler und Bodo Illgner zum Grillen ein. Aus dem vermeintlichen Skandal war eine Farce geworden.

Als er das Turnier, den Kontinent und auch die Frontseiten des Boulevards schließlich doch verlassen hatte, war die Erleichterung im deutschen Lager mit bloßen Händen zu greifen.

Stefan Effenberg sollte danach tatsächlich nur noch zwei weitere Länderspiele machen dürfen. Unmittelbar nach der Weltmeisterschaft 1998, als der Kater so groß war, dass niemand zu merken schien, dass die Begnadigung des Mittelfeldspielers die nächste große Schnapsidee eines in die Jahre gekommenen Verbandes war. Eine Rückkehr als großes Missverständnis.

Im Mai 2020 dann stand Effenberg wieder vor einer Tür, die er hinter sich zugeschlagen hatte. Diesmal jedoch nicht in Dallas, sondern in Krefeld, wo keine Cowboys auf dem Rasen stehen, dafür aber Pinguine Schlittschuhe tragen. Es liegen mehrere tausend Kilometer und einige Fehltritte zwischen der Cotton Bowl und dem Grotenburg-Stadion des KFC Uerdingen. Aber im Grunde hängt auch hier wieder, alter Spruch, alles mit allem zusammen. Denn Stefan Effenberg ist diesen Finger, den kaum einer gesehen hat, nie wieder richtig losgeworden. Er ist das eigentlich ganz passende Symbol seiner Laufbahn seitdem. Diesem Daumenkino der Ausfälle.

Stefan Effenberg, geboren in Hamburg-Niendorf, hat sich über die Jahre als Spieler einige wundervolle Beinamen ergrätscht. Die Menschen im Stadion nennen ihn Effe. Eine Kurzform wie ein Knast-Tattoo, ein Stempel aus dem Milieu, als hätte er sich den Respekt nicht draußen in der Welt, sondern zu Hause auf'm Kiez verdient. Effe, das klingt noch immer nach Ritze, nach Ecke und Kante. Nach Männern, die im Schatten der Gasse lungern und nicht in der Tiefe des Raumes. Schlucke, Ralle und Effe. Die machen das schon.

Andere, vor allem die Reporter alter Schule, jene also, die dabei waren, als sie den Finger verpassten, bezeichnen ihn gerne als Enfant terrible. Es ist der Name zur Geste, auch er ist geblieben. Stefan Effenberg, das schreckliche Kind.

Im August wird er 53 Jahre alt.

Und dann ist da natürlich, größer als alles andere, der Tiger.

Er ist in etwa so alt wie der Finger selbst.

1994, Effenberg war gerade aus Florenz nach Mönchengladbach zurückgekehrt, ging er zu *Wetten, dass..?*, Stadthalle und Sofa, verlor seine Wette gegen Thomas Gottschalk und musste sich anschließend in dessen *Late Night* vom britischen Punk-Friseur Colin Watkins einen Tigerkopf auf den Hinterkopf frisieren lassen. Der große Zirkus.

Manege Bundesliga, schrieb *ntv* später.

Das, immerhin, war dann ein echter Fernsehmoment, es gibt nicht nur ein Foto davon.

Diese Frisur allerdings, den Namen dazu, muss man auch erstmal tragen können. Effenberg tat es auf seine Weise. Er fauchte und kratzte, ein Katzenmann im Käfig Profifußball.

Und hinter Stäben seine Welt.

Er hat in dieser Zeit durchaus Spuren hinterlassen, in Katakomben und Studios, im Gedächtnis der Beobachter.

Den, so hieß es, muss man sich merken.

Nicht immer war das als Kompliment gemeint.

In der deutschen Sportberichterstattung, die sich seit jeher gerne im Vokabular des Tierreichs bedient, gab es immer wieder Männer, die irgendwann zum Tiger geworden waren.

Der Boxer Dariusz Michalczewski aus Danzig. Oder der Fußballer Hermann Gerland aus Bochum. Ehrliche Arbeiter, solide Kämpfer, auf die sich das Publikum einigen konnte. Effenberg taucht nicht in dieser Reihe auf.

Auch, weil er seine Kämpfe meist am falschen Ende des Platzes geführt hat. So gab er Interviews, noch im Gang zur Kabine, in denen er die Zähne fletschte, der Blick allein schon ein Buckel. Red ich mit dir? Angriffslustig, aber ohne Humor. Und er gab Pressekonferenzen im Stehen, was dann aussah, als würde da einer von der Kanzel predigen.

Einer, der sich nichts mehr gefallen lassen wollte.

Nicht von den Journalisten, nicht von der Kritik.

Freunde der Sonne. Nächste Frage!

Ich habe ein verflucht großes Problem, sagte er einst, ich bin immer ehrlich.

Nur geht es hier, im Boxen wie im Fußball, im Fernsehen wie auf dem Feld, am Ende auch um die Frage der Haltung, der richtigen Distanz zu sich selbst. Auslegungssachen.

Effenberg, erklärte der Kabarettist Dieter Hildebrandt einmal, sagt nicht ich, sondern ein Effenberg. Er verehrt sich und trägt sich selbst jubelnd vom Platz. Eine groteske Figur.

Dabei ist er, so ist es dann in der Zeitung zu lesen, in einfachen Verhältnissen aufgewachsen.

Er, der Tiger, hat sich durchgebissen, das ist seine Geschichte. Und eigentlich müsste er mit dieser Biografie ein

Mann des Volkes sein. Nur stand ihm das Volk, in Dallas in der Kurve, in Deutschland auf der Straße, die meiste Zeit eher im Weg.

1997 soll er gemeinsam mit seiner Frau einen Obdachlosen getreten, Jahre später einen Polizisten beleidigt haben. Hinzu kamen Alkoholfahrten und eine Disco-Schlägerei.

Und 2002, in seinen letzten Wochen beim FC Bayern, forderte er in einem Interview mit dem *Playboy* eine Kürzung der Arbeitslosenunterstützung. Auch das ein ausgestreckter Mittelfinger. Wieder wurde er suspendiert, wieder gehörte er nicht mehr zur Mannschaft. Sein Ende in München verfolgte er dann von der Tribüne aus. Effenberg verdiente zu jener Zeit noch immer 4,8 Millionen Euro im Jahr.

Er hatte sich tatsächlich hochgearbeitet, von ganz unten nach von oben herab.

Stefan Effenberg ist heute Experte, er ist im Fernsehen zu Hause, ein Gameshowgesicht. Ein Star, den viele gerne schlagen würden. 2016 stand er am Analyse-Tisch der *ARD*, heute sitzt er am Airport München, wenn Marcel Reif keine Zeit hat, und kultiviert das Vokabular der Vergangenheit.

Führungsspieler, Mentalität, irgendwo auf dem Oberarm, ganz sicher, hat er sich auch das *Mia san mia* der Bayern stechen lassen, als Erinnerung an bessere Zeiten.

Aus dem Mittelfinger, schrieb die *WELT*, ist der Zeigefinger geworden.

Aber Effenberg, das muss man ihm lassen, ist ein genauer Beobachter des Fußballs geblieben. Und wenn er da sitzt, linksaußen in seinem Stuhl, steht er auch gleich wieder auf dem Platz, in der Mitte des Feldes. Nur dort, das spürt man, ist er wirklich zu Hause. Das Spiel ist seine Heimat geblieben. Und er wäre, das spürt man auch, das schwingt in den Halbsätzen mit, gerne dorthin zurückgekehrt.

So richtig, Gesten am Rande des Rasens.

2012 hat sich Stefan Effenberg an der Hennes-Weisweiler-Akademie zum Fußballehrer ausbilden lassen. Er wollte Trainer werden, eine Mannschaft führen, Spieler besser machen.

Es dauerte drei Jahre, bis sich der erste Verein traute, ihn unter Vertrag zu nehmen. Vielleicht, weil es ein ungesundes Maß an Fantasie verlangte, sich vorzustellen, wie ein Tiger einen Laptop hält, Matchpläne entwirft. Vielleicht, weil sich seine Vergangenheit immer wieder ungünstig vor eine mögliche Zukunft geschoben hat.

Freunde der Sonne.

Wilfried Finke allerdings konnte einen wie den Effenberg ganz gut gebrauchen. Der mittlerweile verstorbene Präsident des SC Paderborn hatte sein Geld mit Möbeln verdient und war irgendwann Hauptgeldgeber seines Heimatvereins geworden. Womit er als ostwestfälischer Möbelhausmäzen im Grunde auch die Antwort auf die nie gestellte Frage war, was eigentlich gewesen wäre, hätte sich Werner Kampmann für Inneneinrichtung interessiert.

Nun aber sah er sein Lebenswerk zerbrechen. Die Mannschaft, gerade erst aus der Bundesliga abgestiegen, stand im Oktober 2015 auch eine Klasse tiefer schon wieder ganz unten. Sie brauchte einen Impuls. Finke suchte Hilfe. Er fand Stefan Effenberg. Und holte ihn nach Paderborn. Und mit ihm eben gleich auch den Zirkus in die Stadt, die landesweite Aufmerksamkeit. Manege Profifußball.

Es war, als hätte sich der Pressspanmogul zur Ledercouch noch einen Tiger ins Wohnzimmer gestellt. In Lebensgröße.

Und Effenberg stand dort, in der Provinz, tatsächlich erstmal wie ausgestopft. Dann sprang er durch den Reifen.

Zur ersten Pressekonferenz kamen 70 Journalisten, zum ersten Training 600 Fans. Die Hoffnung so groß wie das Spektakel darum. Effenberg gewann sein erstes Spiel gegen Braunschweig.

Das Rückspiel bei der Eintracht musste dann allerdings schon ohne ihn stattfinden.

Am 2. März 2016, gerade einmal fünf Monate nach seinem Debüt als Trainer, war er wieder entlassen worden.

Hinter ihm und dem Verein lagen da bereits Wochen des Irrsinns, in denen er nicht nur 12 von 14 Spielen, sondern auch seine Lizenz verloren und schließlich ein Trainingslager in der Türkei abgehalten hatte, das genug Stoff bieten würde für die nächste traurige Doku aus dem Innern des Fußballs. Irgendwann lief Stürmer Nick Proschwitz mit heruntergelassener Hose durch die Hotelanlage.

Die Skandale, so schien es, waren Effenberg bis in die Provinz gefolgt. Er stellte sich vor seine Spieler. Der Verein aber stellte ihn frei.

Penis-Affäre, Führerscheinentzug, fehlender Trainerschein und sportlicher Misserfolg, erklärte Wilfried Finke hinterher, ich habe das Fass überlaufen gespürt.

Es war eine Aufzählung, die einem Offenbarungseid glich, ein polterndes Eingeständnis. Im Kampf gegen das Abstiegsgespenst hatte er einen Geist gerufen, den er nun so schnell wie möglich wieder loswerden wollte.

Ich lasse nicht zu, sagte er schließlich, dass dieser Verein einen unseriösen Anstrich erhält.

Finke, im Übrigen, saß auf Mallorca, als er Effenberg entließ. Gut gebräunte Grüße von der Insel.

König der Sonne. Noch Fragen?

Effenberg aber hat es danach, mit einigem Abstand, noch einmal versucht. Nicht mehr als Trainer, diesmal als Manager. In Krefeld, wo beim KFC nicht nur der Uerdingen-Russe regierte, sondern vor allem auch der Grotifant. Dieses manische Maskottchen, ebenso wortkarg wie cholerisch.

Elefant terrible. Das hätte passen können.

Stefan Effenberg und Mikhail Ponomarev, die *dpa* nannte es eine Männerfreundschaft.

Für mich ist das kein Chaosclub, sagte Effenberg.

Das ist ein großes Zeichen für unseren Club, sagte der Russe.

Sie wollten hier gemeinsam etwas aufbauen.

Stefan Effenberg unterzeichnete einen Vertrag bis 2022.

Männerfreunde der Sonne. Keine weiteren Fragen.

Acht Monate später war auch diese Geschichte vorbei.

Effe raus, es war kein Chor mehr. Es war nur eine weitere Schlagzeile. Und hinter ihm lag die große Verwüstung. Als wäre er sich noch einmal selbst begegnet, 25 Jahre danach.

Hermann Gerland ist gerade wieder Deutscher Meister geworden. Stefan Effenberg, selbst dreimal Deutscher Meister, saß derweil wieder im *Doppelpass* und erklärte allen anderen, warum sie nicht mehr Deutscher Meister werden können. Saß also da und streckte den Zeigefinger in die Kurve. Ein Zucken nur, eine kurze Geste, die jeder gut sehen konnte. Und vielleicht ist das dann wirklich das Bild, das bleiben wird, von einer Karriere im Zirkus.

Ein Profi unter Palmen, in der gläsernen Lobby eines Airport-Hotels.

Ein Tiger, Aug in Aug mit dem Phrasenschwein.

OSTPROBE

Ich glaube, dass die deutsche Nationalmannschaft über Jahre hinaus nicht zu besiegen sein wird.

FRANZ BECKENBAUER

Dann lag das alles hinter ihm. Die Erwartungen und die Schlagzeilen, die wichtigen Zweikämpfe und die finalen Minuten. Matthäus und die gebrochene Sohle. Brehme gegen den Elfmetertöter Goycochea, unten links unsterblich. Buchwald, der Maradona bezwungen und deshalb, als eigentliche Trophäe, dessen Vornamen davongetragen hatte.

Das lange Warten seit 1974.

Der Schlusspfiff, die Siegerehrung. Vorüber.

Und Franz Beckenbauer, nun wirklich Kaiser, lief allein in die Dunkelheit. Über den Rasen des Olympiastadions von Rom. Über der Krawatte die Medaille in Gold.

Eine innere Einkehr, während die Spieler außer sich waren, den Pokal in die Kurve trugen, im Fahnenmeer schwammen. Beckenbauer aber schlenderte, 8. Juli 1990, schon in dieser Sekunde ein Denkmal. In München hatte er den Titel auf dem Platz gewonnen, nun hatte er ihn an der Linie erzwungen. Es war sein Moment. Der große Triumph.

Er hätte ihn besser auch hinterher leise genossen.

Im Anschluss an seinen Lauf aber gab er eine Pressekonferenz, deren Inhalt den deutschen Fußball noch lange begleiten sollte. Und sprach dort, vor den anwesenden Journalisten, aber auch vor der Kulisse der Zeitläufte, zwei Sätze, die überdauern sollten. Eine Drohung nach außen, eine Verbrüderungsgeste nach innen.

Ein Versprechen zudem, wie mit heißer Nadel hineintätowiert in die Gänsehaut dieses Abends.

Jetzt, sagte Beckenbauer also, im Taumel von Weltmeisterschaft und Wiedervereinigung, kommen die Spieler aus Ostdeutschland noch dazu. Ich glaube, dass die deutsche Nationalmannschaft über Jahre hinaus nicht zu besiegen sein wird.

Der Kaiser, er blickte von ganz oben in die gesamtdeutsche Zukunft. Und sah, natürlich, nichts außer blühenden Landschaften. Sah die neuen Möglichkeiten einer neuen Zeit. Denn plötzlich, in diesen ersten Monaten nach dem Mauerfall, in dieser einmaligen Zwischenzeit, waren die Gegenspieler von einst plötzlich die Hoffnungsträger für bald. Die Nationalspieler der DDR, sie standen nicht mehr auf der anderen Seite des Platzes, sie standen vielmehr zur Verfügung. Ein grandioser Irrsinn. Als hätte man Maradonas Argentiniern nach ihrem Titelgewinn 1986 noch eben erlaubt, sich beim Nachbarn aus Brasilien zu bedienen. Und sie klangen so gut, die Namen von drüben. Vertraut und verlockend zugleich. Thomas und Andy, Matthias und Ulf.

Auch sie waren Helden.

Beckenbauers Euphorie war deshalb so verständlich wie trügerisch. Dann verließ er das Podium. Und verschwand erneut in der Nacht. Kurz danach trat er zurück.

Seinem Nachfolger aber, dem ehemaligen Manndecker

Hans-Hubert Vogts, hinterließ er diese Sätze aus Rom, auf Jahre hinausposaunt, als unhandliches Antrittsgeschenk.

Ein Erbe als Bürde, ein Staffelstab, den Berti kaum heben konnte. Vogts, schrieb die *Süddeutsche Zeitung* später, trug bleischwer an diesem Vermächtnis.

Vor allem, weil er mit dem Posten des Bundestrainers auch die im Grunde undankbare Aufgabe übernommen hatte, aus zwei Nationalteams eines zu machen. Durch die nun offenen Grenzen war ein neuer Wettbewerb entstanden, eine Konkurrenzsituation, die es vorher in dieser Form nicht gegeben hatte. Ganz so, als hätte jemand ein gesamtdeutsches *Panini*-Album veröffentlicht, mit zwei Bildern für jedes offene Feld. Und Berti Vogts musste sich nun entscheiden, ob er Riedle kleben wollte oder Thom.

Sammer oder Matthäus, Doll oder Klinsmann.

Die alten Kleider des Kaisers aber, sie passten noch nicht. Und Vogts hatte kaum Zeit, hineinzuwachsen. Denn das Gesicht der Weltmeistermannschaft sollte sich möglichst schnell verändern, Schritt halten mit den Entwicklungen auf den Straßen, den Schlagzeilen der Einheit, die Aufstellung auch ein Spiegelbild der neuen politischen Realität. Und er spürte den Druck von oben, die Dringlichkeit der Signale. Vogts brauchte ein gutes Ergebnis.

Am 19. Dezember 1990 schließlich traf seine Mannschaft in Stuttgart auf die von Uli Stielike trainierten Schweizer. Und Beckenbauers wilde Prophezeiung auf die Realität. Ein Freundschaftsspiel, ein tatsächlicher Test. Dort im Neckarstadion, vor 20 000 Zuschauern, sollte sich zeigen, was sie wirklich wert waren. Die Sätze aus dem Westen. Und die Spieler aus dem Osten. Vogts nannte es das Wiedervereinigungsspiel und berief fünf frühere Oberliga-Spieler in seinen Kader. Andy Thom und Ulf Kirsten, Matthias Sammer und Thomas Doll. Dazu den Torwart Perry Bräutigam, der sich ein Zimmer mit Bodo Illgner teilen durfte, danach allerdings nie wieder eingeladen wurde. Sammer immerhin schaffte es in die Startelf. Und wurde damit der erste Fußballer der ehemaligen DDR, der mit dem Adler auf der Brust die Hymne singen durfte. Die anderen standen vor der Bank und sangen mit. Den Text hatten sie sich vorher besorgt, die Zeilen noch rechtzeitig auswendig gelernt. Historische Strophen. Eine gesamtdeutsche Aufstellung, das hatte es seit 1942 nicht mehr gegeben.

Die eigentliche Geschichte dieses Spiels aber schrieb Andy Thom, der nach seiner Einwechslung in der 74. Minute handgestoppte 25 Sekunden und einen Ballkontakt brauchte, um seinen ersten Treffer im neuen Trikot zu erzielen. Thom, der Joker aus Ost-Berlin, hatte die dringend notwendige Pointe geliefert.

Wir wurden alle sehr gut aufgenommen, sagte er Jahre später, wir sprachen ja dieselbe Sprache. Deutschland siegte mit 4:0, danach schien vieles möglich. Auf Jahre hinaus unschlagbar. Die Wiedervereinigung als Superkraft.

In Brandenburg, im Schuppen von Thoms Mutter, hängt noch immer das Bild zu diesem Gefühl. Es ist das Mannschaftsfoto der Europameisterschaft 1992 in Schweden. Dort, ganz unten ganz außen, sitzt Andy Thom neben Rudi Völler, Arm in Arm mit der Tante aus dem Westen. Ein Schulterschluss, Brüdervereinigung. Und doch ist dieses Foto nie mehr gewesen als eine Momentaufnahme, doppelbelichtet im Überschwang, verzerrt in der Euphorie.

Deutschland, das zeigten die Dänen im schwedischen Sommer, war durchaus schlagbar.

Mit einfachen Mitteln. Und die Spieler aus Sachsen und Ost-Berlin, aus Thüringen und Mecklenburg blieben nicht lang. Sie kamen dazu, ein Großteil jedoch kam in der Nationalelf nie richtig an. Die erste Mannschaft des DFB und die Männer aus der DDR, das war eine durchaus offene, meist allerdings auch schwierige Beziehung.

Aber der Reihe nach.

1994, WM in den USA, standen nur noch Kirsten und Sammer im deutschen Kader. Im Viertelfinale aber, Letschkow gegen Häßler, blieben dann beide auf der Bank. Es war, das kann man so sagen, nicht mehr viel übrig vom Wiedervereinigungsspiel. Deutschland schied aus. Vier Jahre später in Frankreich, Šuker gegen Wörns, war es kaum anders.

Auf Jahre hinaus untragbar.

1996 immerhin, Golden Goal in Wembley, reisten auch Steffen Freund aus Brandenburg und René Schneider aus Schwerin mit nach London. Und Sammer, mittlerweile der Chef im Zentrum, wurde Europas Fußballer des Jahres.

Der Osten, hier hatte er zumindest eine Hand am Pokal.

2002, überraschendes Comeback in Japan und Südkorea, nominierte Rudi Völler gleich sieben Spieler, die den Fußball noch in der DDR gelernt hatten. Ein Höhepunkt, ausgerechnet in Fernost, Wiedervereinigungsturnier. Angeführt von Michael Ballack aus Karl-Marx-Stadt und Oliver Kahn aus Karlsruhe, schaffte es diese Mannschaft dann bis ins Finale von Yokohama. Nur war auch sie keineswegs unbesiegbar. Zweimal Ronaldo, das reichte. Dann lehnte Kahn geschlagen am Pfosten. Bis heute allerdings gilt Bernd

Schneider, ein Junge aus Jena, als bester Spieler dieses Endspiels. Die Journalisten nannten ihn, den Schnix mit dem Ohrring, den weißen Brasilianer. Eine Verneigung, wie damals vor Buchwald. Und wenn man so will, war diese Vizeweltmeisterschaft auch die letzte Medaille der DDR.

Näher allerdings sollte der deutsche Fußball dem Versprechen des Kaisers nie wieder kommen. Denn danach, schleichend und dennoch unaufhaltsam, verabschiedete sich der Osten wieder aus der Nationalmannschaft, verschwanden die Biografien von drüben aus den Kaderlisten.

Was ist ostdeutsch an der Bundesliga, fragte die *ARD-Sportschau* im Herbst 2019, 30 Jahre nach dem Mauerfall. Es ist eine Frage, die seit Jahren immer wieder gestellt wird. Zu jedem Jubiläum, Mauerfall oder Einheit, zu jedem großen Turnier. Wie viel Osten steckt noch in der Nationalmannschaft, im deutschen Fußball an sich?

Dann beginnt das große Zählen. Es ist, jedes Mal, die Inventur des Mangels. Heute reicht eine Hand dafür.

Ein Daumen nach unten. Ein Zeigefinger, erhoben.

Dann werden die Zahlenspiele veröffentlicht, sie erzählen von Niederlagen, von verpassten Chancen und falschen Entscheidungen. Sie sind das Kleingedruckte unter einem einseitig aufgesetzten Vertrag.

Seit der Wiedervereinigung durften 38 Spieler für die Nationalelf auflaufen, die noch in der DDR geboren oder ausgebildet wurden. Der letzte Debütant war Nils Petersen, Jahrgang 1988, aufgewachsen im Harz. In derselben Zeit hat es genau ein Spieler in die A-Mannschaft des DFB geschafft, der nach dem 3. Oktober 1990 in einem der sogenannten neuen Bundesländer geboren wurde. Maximilian Arnold, Kindheit beim BSV Strehla, Jugend in Riesa und Dresden, heute Profi beim VfL Wolfsburg. Am 13. Mai 2014 wurde er im Freundschaftsspiel gegen Polen in der 76. Minute für den Weltstar Max Meyer eingewechselt. Danach jedoch nicht noch einmal berufen. Maximilian Arnold hat mit 19 Jahren eine Viertelstunde lang für die deutsche Auswahl gespielt. Er ist damit, 15 Minuten Ruhm, der Rekordnationalspieler der Nachwendegeneration. Eine Statistik, die mehr sagt als jede Statistik.

Zwei Monate später, als sich Deutschland und Argentinien erneut im Endspiel der Weltmeisterschaft begegneten, stand mit Toni Kroos lediglich ein deutscher Spieler auf dem Platz, dessen Wurzeln noch zurückreichen, in die einstige Heimat der Eltern. Kroos wurde am 4. Januar 1990 in Greifswald geboren, 56 Tage nach dem Fall der Mauer.

Aber dort im Finale musste er eine Fahne hochhalten, die er selbst nie hatte falten müssen.

Er war übrig geblieben.

30 Jahre nach der Wiedervereinigung haben die neuen Bundesländer genau sechs Spieler hervorgebracht, die in der Gegenwart der Bundesliga als Leistungsträger gelten. Wer sie ohne die Hilfe einer Suchmaschine lückenlos aufzählen kann, sollte sich unverzüglich als Trainer in Chemnitz bewerben.

Fußball-Stars aus Ostdeutschland sind heute Mangelware, titelte der *Südkurier* 2019.

Sammer, Ballack, Kroos und nichts mehr, schrieb die *Märkische Oderzeitung* im selben Jahr.

Irgendetwas muss also schiefgelaufen sein, zwischen 1990 und heute. Zwischen dem Titel in Rom und dem Titel in Rio. Nur was?

Die Erklärung, sie liegt schon in der voreiligen Prognose des Kaisers, den vermeintlich blühenden Landschaften. Und sie zeigt, hier nun wirklich, die andere Seite der Medaille. Denn der Abstieg des Ostfußballs, er begann unmittelbar nach der Wende.

Und wenn die Protagonisten von damals heute darüber sprechen, sich an den Einschnitt erinnern, der ihre Wirklichkeit hat ausbluten lassen, dann erzählen sie von Rückständen, die niemand mehr aufholen kann, und von Strukturen, die alt sind und schwach. Und sie berichten von Standortnachteilen und Startschwierigkeiten, als wären die Jahre nach der Einheit ein Rennen gewesen, das der Osten von vornherein nicht gewinnen konnte, weil man ihm mindestens ein Bein auf den Rücken geschnallt hatte.

Zuerst, so heißt es dann, gingen die Spieler. Nach Leverkusen, wo das Geld mit Pillen verdient wurde. Oder nach Stuttgart, wo man die größeren Autos fahren konnte. Dafür, ein vergifteter Austausch, kamen die schlechtesten Helfer. Männer in halbseidenen Anzügen, die an maroden Türen klopften.

Mit der Öffnung der Mauer, erinnerte sich Matthias Sammer vor einiger Zeit in der *BILD*, kamen viele Scharlatane, die nur eine schnelle Mark machen wollten und die Klubs fast ruiniert haben.

Zurück blieb verbrannte Erde, dieser harte Boden der Tatsachen. Der Osten, er war irgendwann ins Abseits geraten. Und wurde dort, Schuldenberge am Tal der Ahnungslosen, ganz einfach vergessen. Es ging ja auch ohne. Franz Beckenbauer war in den vergangenen 30 Jahren sehr oft in Kitzbühel, er war eher nicht so oft in Karl-Marx-Stadt.

Heute fehlt es dem Fußball im Osten an vielem. An Profivereinen, an Geld, an Talenten. Und natürlich ist das eine immer auch ein Resultat des anderen. Faktoren, die einander bedingen, sich teuflisch im Kreis drehen. Die Konzerne investieren im Westen, dort sind die meisten zu Hause. Bayer in Leverkusen, SAP in Hoffenheim, Volkswagen in Wolfsburg. Es sind längst andere Grenzen, mit dem Rotstift gezogen.

Dynamo Dresden, Sammers Heimatverein, ist gerade erst in die dritte Liga abgestiegen. In eine Klasse also, die der 1. FC Magdeburg, 1974 immerhin Europapokalsieger, mit viel Mühe noch eben so halten konnte. Und der einst übergroße BFC Dynamo, Mielkes Lieblingsklub, kämpft in der Regionalliga um Zuspruch und auch immer wieder gegen das eigene Image.

Die Leuchtturmbeispiele in diesem Ozean der Tränen sind deshalb, und das hätte vor 20 Jahren auch niemand für möglich gehalten, der 1. FC Union und RB Leipzig.

Zwei Vereine, die unterschiedlicher kaum sein könnten.

Hier die stolzen Köpenicker, die in der DDR meist zweitklassig waren und sich noch immer nicht vom Westen kaufen lassen. Dort die roten Bullen, die erst 2009 gegründet wurden und so gerne im Westen einkaufen, mit Geld, das ihnen der reiche Onkel aus Salzburg zugesteckt hat.

Schlosserklub und Rasenball, da trifft Tradition auf Taurin.

In der öffentlichen Meinung ist Leipzig noch immer mehr Österreich als Sachsen. Kein natürlicher Erbe der Oberliga. Eher ein geflügeltes Monster. Zu viel Dose, zu wenig Doll. Zu viel Energy Drink, zu wenig Energie Cottbus.

Die Unioner ihrerseits haben als Gegenentwurf zur Hertha, dieser alten, mit Klunkern behangenen Dame im Westen, alle Herzen und Nina Hagen auf ihrer Seite.

Auch hier entsteht gerade etwas.

Ein Blick in die Startaufstellungen der beiden Klubs allerdings bringt noch einmal Ernüchterung. Denn dort findet sich mit dem Potsdamer Robert Andrich nur ein einziger Name aus Ostdeutschland, dem man das Etikett Stammspieler anheften möchte.

Er spielt an der Alten Försterei, eine gute Rolle.

Leipzig hingegen verzichtet, trotz zuletzt großer Investitionen in den Nachwuchs, die meiste Zeit auf Talente aus der Region. Im Dezember 2020 aber, Heimspiel gegen Werder Bremen, gab Julian Nagelsmann zumindest zwei von ihnen eine kurze Chance. Dennis Borkowski aus Riesa. Und Joscha Wosz aus Halle, immerhin Neffe des ehemaligen DDR-Nationalspielers Dariusz Wosz. Ein Doppelwechsel als seltene Ausnahme. Wosz und Borkowski hatten zuvor je einmal in der Bundesliga mitspielen dürfen und dabei, zusammengerechnet, 15 Minuten auf dem Platz gestanden.

Sie kamen für die neuen Stars.

Sie kamen, wenn überhaupt, spät von der Bank.

Spieler, die dazukommen, die eine Mannschaft unbesiegbar machen könnten, sind hier auf Jahre hinaus also eher nicht zu entdecken.

Auch das ist eine Wahrheit, im Jubiläumsjahr der Einheit.

2014, nach dem Triumph in Brasilien, wurde Toni Kroos noch gefragt, ob es ihm aufgefallen sei, dass er mittlerweile der einzige Nationalspieler ist, der aus dem ehemaligen Osten stammt. Er schaute kurz, überrascht.

Wahrscheinlich, sagte er schließlich, bin ich dann auch der letzte.

GRÜSSE AN DIE OMA

Müller spielt immer.

LOUIS VAN GAAL

Es begann mit Jürgen Klinsmann. Denn Thomas Müller, das vergisst man mitunter, stammt noch aus einer anderen Zeit.

Als sein Name zum ersten Mal auf der Anzeigetafel der Allianz Arena leuchtete, standen am Trainingsgelände noch Buddha-Figuren, da stürmten vorne Klose und Podolski, da verteidigten hinten Lucio und van Buyten. Im Tor, aber meist im Schatten Oliver Kahns, mühte sich Michael Rensing. Und im Mittelfeld begann der Brasilianer Zé Roberto langsam rückwärts zu altern.

Jérôme Boateng wiederum spielte damals, 15. August 2008, noch für den Gast aus Hamburg.

Thomas Müller jedenfalls kam an diesem Abend spät für den ewigen Miroslav Klose. Das Spiel endete unentschieden, und mehr gab es hinterher auch nicht zu erzählen. Die Einwechslung des gerade 18-jährigen Stürmers, ein junger Mann mit altem Namen, war eine Randnotiz. Und doch der Beginn einer großen deutschen Karriere. Denn dieser Müller aus Weilheim in Oberbayern wurde schnell zum Gesicht des Aufbruchs, der Veränderung bei den Bayern. Und in der Nationalmannschaft. Schon bald war seine Aufstellung, sein

Stammplatz, seine bloße Anwesenheit Gesetz. Wie hineingestempelt in die Vereinssatzung.

Müller, sagte der durchaus exzentrische Holländer Louis van Gaal, spielt immer.

Und Müller tat genau das, er spielte immer, spielte Bundesliga, Champions League, spielte Pokal. Und dazwischen noch zwei Weltmeisterschaften, die in der Rückschau längst zu einem großen Turnier verschmolzen sind. Einem langen und euphorischen Lauf über vier Jahre und zwei Kontinente, von Durban bis nach Rio. 4:0 gegen Australien, 4:1 gegen England, 4:0 gegen Argentinien, dann 4:0 gegen Portugal. Und schließlich, immer noch unglaubbar, 7:1 gegen Brasilien. Fanmeilensteine, Derviertesternstunden. Thomas Müller erzielte in jedem dieser Spiele mindestens ein Tor.

Und hinterher konnte niemand genau sagen, wie.

Weil er Lücken besetzte, die es gar nicht gab, und oft schon vor dem Ball wusste, wo der Ball als nächstes hinfliegen wollte. Ausgestattet mit einem feinen Gespür für die Temperatur des Spiels und einem Körper, der biegsam war und eckig, elastisch und hölzern zugleich. Ein Pinocchio als Schlangenmensch. Ein Knetmännchen aus den Händen des großen Karl Valentin, wie gemacht für den entscheidenden Slapstick. Und genau deshalb kaum zu fassen. Als hätte sich jemand mit dieser Figur einen Spaß erlaubt, sich eine stolpernde, stochernde, siegesgewisse Pointe geleistet.

Die Journalisten staunten. Sie nannten ihn Raumdeuter.

Die Gegner aber fanden keine Antworten, weil Müller auch alle Wörter hatte.

Wie selbstverständlich trat er nach Abpfiff vor die Mikrofone und Kameras, lachte über sich und mit der Welt.

Dann grüßte er seine Omas. Zu Hause liebten sie ihn.

Deutschland feierte eine neue Mannschaft, eine ungeahnte Leichtigkeit. Und Thomas Müller war der ebenso ungelenke wie unwahrscheinliche Vortänzer dieser Party. Ein komischer Vogel, der den Adler trug. Zwischendurch, und weil es eben seine Jahre waren, gewann er, nach dem schlimmen Finale dahoam, gemeinsam mit Jupp Heynckes doch noch die Champions League.

Mit Müller, so schien es, war am Ende alles möglich. Er hätte in dieser Zeit wohl auch *Wetten, dass..?* retten können.

Und die bayrische SPD gleich mit.

Natürlich, das wusste er selbst, konnte es nicht ewig so weitergehen. Natürlich konnte nicht immer Sommer sein, nicht immer Jupp Heynckes. Thomas Müller hatte alle Gipfel gesehen, irgendwann, unausweichlich, musste der langsame Abstieg beginnen. Das Ende der Party, der lange Kater danach. Seine dritte WM, draußen in der russischen Ebene, war seine schlechteste. Anders als früher konnte man seinem Gesicht die Strapazen ansehen, es hatte Furchen bekommen. Das Lächeln war härter geworden. Manchmal giftete er in die Mikrofone, immer häufiger ignorierte er die Kameras. Einmal antworte er auf Englisch. Ganz im Ernst. Keine Grüße an Lothar Matthäus, viel eher die Mimik von Oliver Kahn.

Und die Reporter wunderten sich.

Thomas Müller war das Gefühl für den Raum abhandengekommen. Ein Mann aus einer anderen Zeit, der plötzlich im Wege stand. Sich selbst.

Und einem Neuanfang sowieso.

Ein besonderer Mensch, sagte Joachim Löw.

So beginnen Verabschiedungen.

Im Spiel gegen die Niederlande, November 2018 auf Schalke, als er spät eingewechselt wurde, um sich doch noch sein 100. Länderspiel abzuholen, konnte jeder im Stadion sehen, dass ihm die Zukunft schon enteilt war. Im direkten Vergleich mit Werner, Gnabry und Sané wirkte er wie eine alte Lok, die irgendjemand durch ein Versehen noch einmal auf der neuen Hochgeschwindigkeitsstrecke zwischen Berlin und München gesetzt hatte, sie sollte einen vollbesetzten ICE ziehen, doch die Kohlen reichten nicht mehr.

Müller dampfte und schnaufte, aber er kam nicht vom Fleck.

Einige Wochen später fuhr Joachim Löw nach München. Ein Überraschungsbesuch, keine guten Nachrichten.

Thomas Müller war fortan nicht mehr Teil der Nationalmannschaft.

Am selben Tag starb seine Oma Erna.

Das waren die schlechten Jahre. Thomas Müller hatte Medaillen gewonnen, jetzt war er auf die Kehrseite geraten. Und selbst zu Hause in Bayern, dahoam im Verein, galten die alten Gesetze nicht mehr. Unter dem neuen Trainer Niko Kovač spielte Müller nur noch ab und an, dann kaum noch, bis er sich schließlich wochenlang auf der Bank wiederfand.

Sechs Mal in Folge, er hatte ja mitgezählt. Ein Ersatzspieler unter vielen. Die Mütze tief in die Stirn gezogen, den Körper in eine dieser roten Decken gehüllt. Er schien darin zu verschwinden. Sich darunter einfach aufzulösen.

Und sein Trainer lieferte gleich noch die passende Bildunterschrift.

Wenn Not am Mann sein sollte, sagte Kovač damals, wird er mit Sicherheit auch seine Minuten bekommen.

Allerbeste Grüße. Eine kroatische Watschn.

Wäre Louis van Gaal zu Tränen fähig, er hätte in diesen Wochen geweint.

Dort auf der Bank, sowieso der schlechteste Ort für einen, der Räume zu deuten weiß, drohte Müller zur Folklore zu gerinnen.

Eine Erinnerung an damals.

An Schweinsteiger, an Guardiola.

Ein *Mia san mia*-Maskottchen, wie ausgestopft zwischen Hans-Wilhelm Müller-Wohlfahrt und Hermann Gerland. Das wollte er nicht. Und dachte, nach 20 Jahren im Verein, laut über einen Wechsel nach.

Das alles ist nicht mal zwei Jahre her. Und könnte weiter kaum weg sein.

Niko Kovač war bald nicht mehr Trainer der Bayern. Er wurde durch Hansi Flick ersetzt. Und Thomas Müller war bald nicht mehr der Ersatzspieler Thomas Müller, er wurde durch den Stammspieler Thomas Müller ersetzt. Er spielte jetzt wieder immer. Und traf wie früher.

Beim 4:0 gegen die Hertha, zum Rückrundenauftakt im Berliner Olympiastadion, erzielte er den wichtigen Führungstreffer, später gelang ihm noch eine feine Vorarbeit für Ivan Perišić. Seine Scorerpunkte 249 und 250 im Trikot des FC Bayern. Eine Woche später, am 25. Januar 2020, schoss er mit dem 2:0 gegen Schalke sein 100. Tor in der Allianz Arena.

Nach 18 Spieltagen kam Müller auf zwölf Torvorlagen, auch das ein Rekord in der langen Geschichte der Bundesliga. Am Ende der Saison hatte er mit 21 Assists noch einen weiteren eingestellt.

Er war jetzt wieder der Müller Thomas, den sie in München so gerne mit dem Müller Gerd vergleichen.

Ein Echo, das leise bumm macht.

Nicht der klassische Zehner. Aber der klassische Knotenlöser, der liefert und läuft, meckert und motiviert, und nach seinen Toren die Faust in den Himmel streckt.

Auch das längst eine Ikone.

In der Kabine, das wusste die *SPORT BILD*, ist er der mächtigste Bayern-Profi.

Und er hatte, irgendwann in dieser Geisterspielzeit, vor allem aber in den Tagen von Lissabon, eine noch mal ganz neue Rolle für sich entwickelt. Denn dort, in der Stille der leeren Stadien, durfte er seine Mannschaft zum Triple brüllen, dort war er plötzlich schon während des Spiels der Mann für die Mikros. Die Stimme seiner Mannschaft, eine Kommandozentrale. Unüberhörbar.

Dieses verbale Pressing, er hat es beibehalten seitdem.

So leitet er die Angriffe ein, koordiniert die Überfälle seiner Mannschaft, entnervt den Gegner allein mit der Stimme. Radio Müller, nennen sie ihn. Antenne Bayern, dabei sein eigener Lautsprecher. So hat er nach 90 Minuten selten die meisten Pässe gespielt, dafür aber die meisten Silben auf den Rasen gebracht. Ganz so, als gehöre ihm auch das Echo in der Arena.

Wenn einer die Jungs so steuert, hatte Herthas Torwart Alexander Schwolow gesagt, ist das eklig.

Es war durchaus als Kompliment gemeint.

Das alles ist nun gleichzeitig eine gute und eine sehr schlechte Nachricht für die Liga.

Denn jetzt, da der Müller Thomas wieder zu sich selbst gefunden hat, sind auch die Bayern wieder die Bayern. Und wissen es auch. Sie können sich jetzt selbst wieder hören, sich selbst besser erkennen, ihre Launen in seinem Gesicht. Müller, so war das schon immer, ist der Seismograph an der Säbener Straße, an ihm kann man, wie selbstverständlich, die Münchner Befindlichkeiten ablesen. Wenn Müller schweigt, gärt es im Innern des Vereins, wenn er aber laut ist, die Kollegen zur Grundlinie treibt und hinterher, nach Abpfiff, noch lächelnd länger bleibt, schmunzelt, einen Spruch aufsagt und dem gierigen Reporter sogar ein paar krude Brocken Allgäu-Dada hinwirft, wenn er also mit guter Laune dabei ist, so wie jetzt wieder, dann darf der Konkurrenz ruhig angst und bange werden. Weil ihr seit jeher das Lachen vergeht, sobald er zu grinsen beginnt.

Weil sie die Nerven verliert, wenn er zu nerven beginnt.

Und trotzdem, oder gerade deshalb, ist es gut, dass dieser Müller noch da ist.

Als Anker in die Vergangenheit, als Brücke zwischen den Generationen. Er ist übrig geblieben, er weiß noch, wie sich internationale Erfolge anfühlen. Jetzt, nachdem Claudio Pizarro tatsächlich aufgehört hat, ist dieser Müller der letzte echte Schlawiner der Liga. Er ist, neben dem Logo der Liga, das ihm zunehmend ähnelt, mit am längsten dabei.

Man sollte, schrieb der Kollege Tobi Holtkamp, den Dortmundern danken, dass sie Erling Braut Haaland geholt haben. Ein Kaliber. Einen kommenden Weltstar, der für die Liga noch echtes Gold wert sein wird.

Für Müller aber gilt Ähnliches.

Er ist der Weltstar, der schon immer hier war. Eine hausgemachte Hausmacht. Und so muss man nun auch Hansi Flick danken. Dafür, dass er diesen Müller noch einmal aus der Mottenkiste der Schnelllebigkeit geholt und ihn mit reichlich Wärme und Vertrauen wieder in die alte Form gebracht hat. Es ist schließlich schön zu wissen, dass dort, auf dem Rummelplatz Bundesliga, zwischen all den neuen Attraktionen, diesen leuchtenden Hochgeschwindigkeits-Maschinen, noch immer dieses leicht angerostete Kettenkarussell steht und seine Runden dreht. Ein zuverlässiger Spaß, der ein Dutzend Oktoberfeste in den Gelenken hat und schon dabei war, als Luca Toni Lederhosen trug.

Sein neuer Vertrag, eine Belohnung auch für sein überraschend lautes Comeback, gilt jetzt bis 2023.

Thomas Müller wäre dann 34 Jahre alt.

Er hätte dann 15 Jahre für den FC Bayern gespielt.

Eine bayrische Karriere, eine Heimatgeschichte.

Oma Erna wäre sicher stolz. Auf diesen jungen Mann mit dem alten Namen, der am Ende doch immer seine Räume gefunden hat.

DIE MÜTTER ALLER SIEGE

Das darf nicht wahr sein!
MARCEL REIF

Football, bloody hell!
SIR ALEX FERGUSON

Weiter, immer weiter!
OLIVER KAHN

Am Ende ähneln sich die Bilder. Man kann sie problemlos übereinanderlegen.

Erst die Eckstöße, es sind drei insgesamt.

Jeder für sich ein Roman.

Dann die Reaktionen, Gewissheit. Die leeren Blicke zur Uhr, die hohlen Gesten zum Himmel, die Körper, aus denen alle Kraft zu weichen scheint, die Gesichter, hinter Stoff verborgen. Wut, Schweiß und Tränen.

Eine Doppelbelichtung der Fassungslosigkeit.

13 Jahre dazwischen.

Aber der Reihe nach.

Am 26. Mai 1999, im Camp Nou von Barcelona, läuft die Nachspielzeit. Der FC Bayern führt mit 1:0 gegen Manchester United, die Mannschaft war 90 Minuten lang drückend überlegen. Draußen an der Linie stehen die Ersatzspieler, einige tragen bereits die Jubelmützen der sicheren Sieger.

Sie wippen in freudiger Erwartung, ein Betreuer bringt Champagner.

Was, bitte schön, soll hier noch schiefgehen?

Dann klärt Stefan Effenberg eine Hereingabe zur Ecke.

Am 19. Mai 2012, in der Allianz Arena von München, läuft die 88. Minute. Der FC Bayern führt mit 1:0 gegen den FC Chelsea, die Mannschaft war bis hierhin drückend überlegen, sie hat alle Argumente und auch die Geschichte auf ihrer Seite. Es ist das Finale dahoam, es soll die Krönung zu Hause werden. Alles ist bereitet, alles scheint einem Drehbuch zu folgen, wie es sich selbst der Regisseur Franz Xaver Bogner nicht volkstümlicher hätte ausdenken können. Das Mittelfeld an diesem Abend gehört Bastian Schweinsteiger, dem Bub aus Kolbermoor, und vorne hat Thomas Müller getroffen, der vielleicht bayrischste Bayer seit dem Maier Sepp.

Die Münchner könnten an diesem Abend sicher auch eine Ente mit bloßen Händen fangen.

Das Weißbier steht längst kalt.

Denn was, bitte schön, soll hier noch schiefgehen?

Dann klärt Diego Contento eine Hereingabe zur Ecke.

In Barcelona bringt David Beckham den Ball in den Strafraum, hinein in die Wirren der letzten Sekunden. Thorsten Fink, gerade erst für Lothar Matthäus ins Spiel gekommen, rutscht der klägliche Versuch einer Klärung über den Spann. Und aus dem Nichts dieser Aktion und mitten hinein ins Herz der Bayern trifft Teddy Sheringham.

Matthäus, draußen hilflos vor der Bank, versteinert in der eigenen Ohnmacht.

Marcel Reif, oben machtlos auf der Tribüne, entgleiten die Sätze.

Das darf nicht wahr sein, brüllt der Reporter, und scheint sich in der Wiederholung aufzulösen, während auch die Szenen ineinanderfließen, jede Ordnung verloren geht, das Spiel in eine Zeitschleife gerät.

Denn plötzlich, wir sind in der 93. Minute und allein Collina weiß, warum, steht David Beckham erneut an der Eckfahne, wieder kommt seine Flanke nach innen, wieder kommt Sheringham an den Ball, verlängert ihn diesmal per Kopf.

In München, Finale dahoam, läuft David Luiz, Chelseas brasilianischer Abwehrchef, in den Fünfmeterraum. Als er auf dem Weg dorthin an Bastian Schweinsteiger vorbeikommt, raunt er ihm drei Wörter zu, die heute ähnlich berühmt sind wie der Moment, der ihnen folgen wird.

And now goal!

Es ist eine wilde Prophezeiung, die sich nur Sekunden später erfüllt. Juan Mata tritt den Eckball, Didier Drogba hat einen Wimpernschlag zu viel Zeit und einen Ellenbogen zu viel Raum und Manuel Neuer der Wucht des Kopfballs nur noch eine Faust entgegenzusetzen.

Diesmal zu wenig.

Es ist der völlig überraschende und ebenso unverdiente Ausgleich, das Spiel geht in die Verlängerung.

Aber die Verhältnisse haben sich umgekehrt.

Unhoamlich nun.

Die Bayern sind nicht mehr Herr im eigenen Haus.

In Barcelona drückt der Norweger Ole Gunnar Solskjær, auch er gerade erst eingewechselt, Sheringhams Vorlage über die Linie. Die Engländer nennen ihn den Killer mit dem Babyface, nun hat er die Bayern erlegt.

Das darf es nicht geben, schreit Reif.

Sekunden danach ist das Spiel vorbei.

Unten vor den Kameras, als wäre alles gesagt, fehlen die Worte. Und selbst Alex Ferguson, der Trainer des Siegers, ringt mit der Sprache.

Football, sagt er schließlich, bloody hell!

Eine Analyse, aus dem siebten Himmel herab.

In der Hölle aber liegen die anderen.

Den Bayern, wird die *Gazzetta dello Sport* am Morgen titeln, bleiben nur noch Tränen.

In München, 13 Jahre danach, geht das Spiel in die Verlängerung. Die Bayern bekommen einen Strafstoß, doch Arjen Robben scheitert an sich, den Umständen und dem Torwart Petr Čech. Und Bastian Schweinsteiger, der mit dem Rücken zur Szene am Mittelkreis hockend auf die Erlösung gehofft hatte, steht nun erst recht die Verzweiflung im Gesicht.

Dann, ohne weitere Tore, muss dieses Finale vom Punkt aus entschieden werden. Immer das undankbarste Ende.

Robben, Kroos und Tymoshchuk verweigern sich der Situation. David Luiz trifft gegen Neuer, Olic trifft nicht gegen Čech. Und Bastian Schweinsteiger, dem an diesem Abend die Heldenrolle zugedacht war, nimmt den fünften Schuss der Bayern. Verzögert leicht. Und trifft den Pfosten.

Danach wieder Drogba, wieder goal.

Chelsea gewinnt den Titel in der Allianz Arena.

Eine Dahoamsuchung.

So entstehen die Bilder, die bleiben.

In Barcelona, in München.

Mehmet Scholl, der am Pfosten sitzt. Hinter ihm Kahn auf der Linie. Und dahinter Tarnat, als müsste er die lange Ecke bewachen, als könnte er genau dort die Dinge noch ändern, die ganze Angelegenheit wieder zurechtrücken.

Sammy Kuffour dazu, die Hände über dem Kopf.

Und Matthäus, die Hände in den Hüften.

Bastian Schweinsteiger, der sein Gesicht erst unter seinem Trikot verbirgt und dann im Rasen vergräbt, vom Schmerz in die Knie gezwungen. Die ganze Mannschaft daneben. Wie vom Blitz getroffen. Am Boden. Ein Stillleben der Enttäuschung. Männer, die am Mittelkreis stehen, weil sie nicht wissen, wohin mit sich jetzt. Männer, die im Mittelkreis liegen, weil sie nicht mehr stehen können, zusammengebrochen. Schlussstrichmännchen, vom Augenblick gezeichnet.

Scheitern ist Silber.

Sie schweigen dazu.

Es sind Bilder, die das Ende zeigen. Und doch vom Anfang erzählen. Traum und Trauma, so nah beieinander.

Damit, sagte Jupp Heynckes damals unmittelbar, musst du erstmal fertigwerden.

Er meinte Schweinsteiger, aber wohl auch sich selbst.

Die Narbe im Kopf bleibt, erklärte der Psychiater Florian Holsboer in einem Interview mit der *tz*.

Auch da ging es um den Kapitän der Bayern, den Fehlschuss und die Folgen. Auch in diesem kurzen Satz lag die große Sorge um den bayrischen Patienten, an der Seele versehrt, an der Achse beschädigt.

Doch Bastian Schweinsteiger und seine Mitspieler brauchten nur einen Sommer und eine halbgare Europameisterschaft, um sich zu fangen. Dann kamen sie zurück, um die wahrscheinlich beste Saison der Vereinsgeschichte zu spielen. Eine Saison zudem, in der ebenjener Schweinsteiger endgültig zum prägendsten zentralen Mittelfeldspieler der Welt aufsteigen konnte. Und Arjen Robben, der holländische Tragiker, das letzte Wort haben durfte.

In London, im Finale gegen den BVB. Dort gelang ihm das entscheidende 2:1. Kurz vor Schluss, natürlich.

Ausgerechnet Robben, schrie Béla Réthy.

Und Robben rutschte auf den Knien über den englischen Rasen, breitete die Arme aus, riss die Augen weit auf. Ein Körper als sehniges Ausrufezeichen. Ein Jubel als Antwort auf alle Fragen. Ein Tor als Therapie. Ein Jahr zwischen zwei Schüssen, Himmel und Hölle. Aus alten Lasten waren neue Ziele geworden. Wieder einmal.

Die Bayern, sie kannten das schon.

Das 1:2 von Barcelona, Oliver Kahn hatte es hinterher die Mutter aller Niederlagen genannt, eine Katastrophe für den Verein. Der zweite Platz als Titel, mit dem man sich den Briefkopf einschlagen kann. Eine persönliche Beleidigung zudem und die vielleicht größtmögliche Demütigung für eine Mannschaft, die von einem Titanen behütet und von einem Tiger angeführt wurde.

Er und Effenberg, sie hatten ja beide versagt.

Auch sie trugen Narben davon.

Zwei Jahre später aber, wieder Finale, diesmal in Mailand gegen Valencia, erzielte der eine den wichtigen Ausgleich und der andere parierte gleich drei Elfmeter der Spanier.

2001 und 2013. Es gibt da durchaus Parallelen.

Und es ist nun mal so, dass diese beiden Bayern-Mannschaften, die jeweils goldenen Generationen ihrer Zeit, erst einmal fallen mussten, bevor sie ganz oben stehen konnten.

Man muss ihre Geschichte deshalb von unten her denken, aus der Froschperspektive des Bezwungenen. Nur so sind die Titel danach zu erklären, das jeweilige Comeback nach dem eigentlich größtmöglichen Knockout.

Diese Höhepunkte, die auf Tiefschläge folgten.

Als hätten sie noch im Moment der Niederlage tief in sich selbst etwas anderes gefunden als lediglich Schmerz. Einen Schalter, den sie umlegen konnten. Und vielleicht sogar umlegen mussten.

Stefan Effenberg hat einmal erzählt, dass er noch in der Nacht von Barcelona, wenige Stunden nach dem Abpfiff nur, mit dem Stürmer Carsten Jancker auf seinem Zimmer saß und versuchte, die Niederlage zu verstehen. Und wie er in ebenjener Nacht diesen einen Gedanken entwickelte, der ihn durch die kommenden Monate tragen sollte, vom Camp Nou nach San Siro. Vom Tal auf den Gipfel.

Stefan Effenberg wollte Rache. So sagte er das. Er wollte zurück ins Finale. Als wäre das Endspiel sein gutes Recht. Und so offenbart diese Erinnerung eben auch eine Haltung, in der aus Trotz bald schon Willensstärke wird. Sie bestimmt das Denken des FC Bayern, seit mehr als 20 Jahren, wie eingestanzt in die Satzung.

Die DNA als Selbstverständnis.

Mia san mia, jetzt erst recht.

Und noch etwas anderes stimmt. Die Niederlagen von Barcelona und München, sie waren die Mütter aller Siege danach, sie haben diesen Verein, seine Mannschaften und

Spieler abgehärtet. Ganz so, als hätten sie im Abrieb des Scheiterns eine Hornhaut auf der Psyche entwickelt. Neuen Kallus nach dem Bruch. Als wäre am Ende lediglich das Unerschütterliche übrig geblieben. Ein Kern aus Überzeugung. Eine Überzeugung aus dem Moment. Sie waren schon einmal dort gewesen, in der Nachspielzeit eines Endspiels, in den letzten Sekunden, eine Hand schon an der Trophäe, dann am Boden zerstört.

Was, bitte schön, sollte jetzt noch schiefgehen?

Diese Erfahrung, dieses Wissen, hatten sie allen Gegnern danach voraus.

Gegen Valencia, sagte Ottmar Hitzfeld, waren wir nervenstärker. Vielleicht hat uns 1999 da geholfen.

Dieses Spiel, sagte auch Karl-Heinz Rummenigge, hätten wir nicht gewonnen, wenn es Barcelona nicht gegeben hätte.

Die Bayern, schrieb der israelische Psychologe Michael Bar-Eli in seinem 2019 veröffentlichten Buch *Boost!*, hatten die extreme Fähigkeit entwickelt, schwierige Situationen zu meistern.

Nicht aus Arroganz, sondern aus ihrer eigenen Erfahrung heraus.

Wir wussten, wird Oliver Kahn dort zitiert, dass es erst vorbei ist, wenn der Schiedsrichter abpfeift.

Eine Binse im Grunde, hinter der sich jedoch der absolute Glaube verbirgt.

Oliver Kahn hatte aus Barcelona gelernt, er spielte von da an nicht mehr gegen die Uhr, sondern mit ihr.

Als Beweis dienten ihm die Schlusssekunden des Meisterschaftszweikampfes mit Schalke 04.

Ein anderes Finale.

Im Mai 2001.

Da trifft Sergej Barbarez in Hamburg für den HSV.

90. Minute, das 0:1 aus Sicht der Bayern.

Sie sind nur noch Zweiter. Sie liegen hinten, sie liegen plötzlich wieder am Boden. Doch während seine Mitspieler auf den Rasen fallen, in der plötzlichen Unmöglichkeit kollabiert, geht der Blick des Torwarts unmittelbar zur Anzeigetafel. Es ist noch Zeit. Es ist noch nicht vorbei. Es ist die Kraft dieser Gewissheit, mit der Kahn die anderen am Kragen aus ihrer Lethargie zieht.

Weiter, immer weiter!

Seine Parole ein Echo aus dem Camp Nou.

Sekunden danach nimmt Mathias Schober einen Rückpass auf. Und im Parkstadion in Gelsenkirchen erlischt eine Zigarre. Football, bloody hell!

So ist 2001 ohne 1999 nicht denkbar. Und 2013 nicht ohne 2012. Auch hier gleicht sich die Erzählung.

Vielleicht, hat Philipp Lahm Jahre später gesagt, war die Niederlage auch eine Motivation für alles, was danach kam.

Und natürlich meinte er den Triumph von Wembley, das Triple. Aber er meinte auch den Weltmeistertitel in Rio de Janeiro.

Auf dem Weg dorthin sollten sich auch David Luiz und Bastian Schweinsteiger noch einmal begegnen.

Im Estádio Mineirão von Belo Horizonte, am 8. Juli 2014.

Der Brasilianer führt seine Mannschaft an diesem Tag als Kapitän auf den Platz, und trägt mit der Binde auch die übergroßen Erwartungen seiner Heimat.

Es ist das Halbfinale daheim. Das darf nicht schiefgehen.

Dann aber, in der 11. Minute bereits, wird Deutschland ein Eckstoß zugesprochen. Und am Fünfmeterraum lauert

Thomas Müller, der bayrischste Bayer seit dem Maier Sepp. David Luiz, das zeigen die Bilder, kommt einen Augenblick zu spät. Er kann das Tor nicht verhindern.

Es ist der Beginn eines ganz anderen Traumas.

AUF DEM RASEN DES NACHBARN

Was den Dortmundern die Schäferhunde, das sind uns Schalkern die Löwen.

GÜNTER SIEBERT

Die Rote Erde kocht, die Kampfbahn übervoll mit Erwartung. Zu viele Menschen auf zu schmalen Tribünen, sie stehen auch davor bis an den Rand. Die Körper fast mit auf dem Platz, der Jubel gleich hinter der Linie. 40 000 angeblich. Ein Wahnsinn im Grunde. Aber es ist Derby in Dortmund.

Schwarzgelb gegen Königsblau.

Es geht schon wieder um alles.

Die Gäste aus Schalke, Dutzende sicher, stehen hinter den Toren, um noch einen Blick zu erhaschen. Die Gesichter so nah an den Netzen, als hätten sie sich darin verfangen. Sie könnten die Ösen mit den Zähnen durchtrennen, sie könnten den Ball von der Linie atmen. Sie drängen nach vorne. Drängen, Schulter an Schulter, auf den ersten Treffer.

Die so wichtige Führung.

Auswärtssiegessicher.

Dann trifft Pirkner. Der Hans, 37 Minuten gespielt, Jürgen

Rynio geschlagen. Und auch hinter dem Tor gibt es kein Halten mehr, die Schalker stürmen das Feld.

Es sind dort im Stadion, 6. September 1969, keine Zäune, keine Banden oder Gräben. Nur Linien aus Kalk. So ist das Spiel nur einen Schritt weit entfernt. Und die Schalker taumeln hinüber, umarmen den Schützen, tanzen auf dem Rasen des Nachbarn, treten Löcher hinein.

Es ist Derby in Dortmund, sie sind gekommen, um ihr Revier zu markieren.

Dann, Schnauze voll, lassen die Ordner die Hunde los. Prachtexemplare vom Amt, sie schnappen ins Chaos, in den Tumult des Moments. Sie sollen die Gäste zähmen, die Ordnung wiederherstellen. Doch sie erwischen die Falschen. Zwei Schalker in kurzen Hosen und Stollenschuhen.

Zuerst Gerd Neuser, der in den Oberschenkel gebissen wird. Dann Friedel Rausch, etwa einen Meter dahinter.

Gemeinsam mit dem Schäferhundrüden Rex erschaffen sie ein Bild für die Ewigkeit. Ein Schlachtengemälde, das die Jahrzehnte seither überdauert hat.

Das Foto, am nächsten Tag in jeder Zeitung, zeigt Neuser, der sich mit beiden Händen an den Schenkel greift, vom Unglauben geschüttelt. Und es zeigt den Moment, in dem sich das Tier in Rauschs Hinterteil verbeißt. Der Spieler im Ausfallschritt, sein Mund weit offen, erstarrt in einem stummen Schrei. Es ist dieser Ausschnitt, der später zur Ikone werden sollte.

Hund beißt Mann, ein gefundenes Fressen.

Und es ist dieser Ausschnitt, der heute in den Erinnerungsräumen der Bundesliga hängt, zu jedem Derby neu gerahmt. Er hängt dort gleich neben den Bildern von Lienen und Jakobs.

Der Biss, der aufgerissene Oberschenkel, der Karabinerhaken im Rücken.

Es ist eine Galerie für Hartgesottene.

Dort tanzen die Spiegelneuronen.

Aber die Bilder, sie gehören dazu.

Die Schmerzen, hat Rausch später immer wieder gesagt, waren tierisch. Er, die Hose durchtränkt, rotes Blut auf roter Erde, wurde erstmal vom Platz getragen, bekam eine Tetanusspritze und brachte das Spiel tatsächlich zu Ende. Es war immerhin Derby, da beißen harte Hunde die Zähne zusammen. Gerd Neuser aber, sein Mannschaftskamerad, musste in der 76. Minute ausgewechselt werden. Lähmungserscheinungen. Er ist heute in Vergessenheit geraten, er war die weniger spektakuläre Geschichte. Das weniger drastische Bild. Er taugte nicht zum Plakat.

Rausch aber, so hat es der Dortmunder Timo Konietzka einst gesagt, ist für immer der mit dem Hund geblieben.

Der Schmerzensmann mit den Zähnen im Arsch.

Diese Szene, das kann man so sagen, hat ihn fortan begleitet, bei Fuß. Als wäre er mit ihr Gassi gegangen, immer wieder. Und es gab Menschen, Passanten auf offener Straße, Gegenspieler im Strafraum, die kamen ganz nah und bellten ihn an. Es dauerte, bis auch er darüber lachen konnte.

Die Narbe aber hat er als Andenken getragen.

Irgendwann mit Stolz.

Als er, Gast im *Sportstudio*, hinterher von Dieter Kürten gefragt wurde, was denn passiert wäre, hätte der Hund vorne zugebissen, da wusste Rausch die Antwort sofort.

Dann, sagte er, hätte der Schäferhund alle Zähne verloren.

Er hatte den Schaden und den Spott, den Applaus und die

Lacher auf seiner Seite. Vom BVB bekam er Blumen und 500 Mark Schmerzensgeld. Und eigentlich war die Sache damit erledigt. Doch weil die Hunde Dortmunder Hunde waren und Rauschs Hinterteil ein königsblaues, machten die Schalker die Rechnung noch einmal auf.

Derby, das bedeutet schließlich auch, dass man nicht so schnell vergisst.

Vor dem Rückspiel, am 31. Januar 1970, standen deshalb vier junge Löwen am Mittelkreis der anderen Kampfbahn, Glückauf, und warteten auf die Gäste aus Dortmund.

Günter Siebert, der angenehm wahnsinnige Präsident des FC Schalke 04, hatte sich die Raubkatzen vorab im Tierpark Westerholt geliehen. Nun hielt er sie zur Begrüßung an der Leine, ein Feldherr im Sonntagsanzug.

Was den Dortmundern die Schäferhunde, sprach er nachher noch in die Kameras am Spielfeldrand, das sind uns Schalkern die Löwen. Er glühte dabei. Der Schalk im Nacken des Schalkers. Die kleine Provokation war seine große Revanche, vor allem aber war sie ein im Grunde harmloser PR-Gag. Denn die Tiere, selbst kaum größer als Hunde, waren zur Einschüchterung des Gegners gänzlich ungeeignet, kurz vor dem Anpfiff noch tollten sie mit dem Spielball über den Rasen.

Aber wieder blieben die Fotos. Die Aufnahmen am nächsten Tag in der Zeitung, die Schlagzeilen darüber.

Und das war, am Ende, was zählte.

Das Revierderby ist seit jeher eine Bildermaschine, sie produziert Momente. Szenen, die sich einbrennen. Stückchen für das Kuriositätenkabinett, Dinge der Unmöglichkeit.

Es sind Dinge, sagt Kai Feldhaus, Reporter und Schalker, die nirgendwo anders passieren.

Dann zählt er auf, aus dem königsblauen Gedächtnis heraus. Schalker Meilensteine, immer zwischen Hoffnung und Enttäuschung. Zwischen Triumph und Trauer. Tage, die heute noch wirken, als wären sie gerade gestern gewesen.

Der Hundebiss, das war ja nur einer von vielen.

Da gibt es den 19. Dezember 1997, als der Schalker Jens Lehmann in letzter Sekunde mit dem Kopf zum Ausgleich trifft und damit als erster Torwart ein Tor aus dem Spiel heraus erzielt.

Oder den 12. Mai 2007, als Frei und Smolarek den Schalkern am 33. Spieltag die Meisterschaft verderben und hinterher ein Flugzeug über Gelsenkirchen kreist, am Heck ein Banner, darauf eine Botschaft, die bis heute nachwirkt.

Ein Leben lang keine Schale in der Hand.

Und natürlich gibt es den 25. November 2017, als die Borussia nach 25 Minuten bereits 4:0 führt und am Ende, 94. Minute, noch den Ausgleich durch Naldo kassiert. Ein Unentschieden als vielleicht größte Niederlage dieser Saison.

In seinen kühnsten Momenten, so scheint es, erreicht das Derby einen Zustand, in dem Ausnahmen zur Regel werden. Dann ist es Fußball in seiner reinsten Form, dann verdichtet sich das Spiel zur Aufführung, zum Best-of einer ganzen Saison.

Die Gründe dafür liegen bereits im Wesen dieses Duells, in seiner langen Geschichte, die sich Jahr für Jahr selbst verstärkt, wenn sich die Bilder in Schichten übereinanderlegen.

Weil sich hier seit jeher zwei Nachbarn in tiefster Abneigung gegenüberstehen. Und dabei eine Rivalität pflegen, von der sie selbst nicht mehr sagen können, wie sie eigentlich entstanden ist.

Nachbarn, keine 30 Kilometer entfernt voneinander, die mehr gemein haben, als sie sich jemals eingestehen würden. Dabei eint sie das große Heimweh nach der Vergangenheit und das fortwährende Ringen mit der Herkunft. BVB und S04, das sind die Malochervereine aus dem Pott, die längst zu groß geworden sind für die eigene Erzählung, herausgewachsen aus den Heimstätten früherer Duelle. Zwei Klubs, die gerne den Ruß auf den Wangen beschwören, in den Leibchen noch den Schweiß der Kumpel, während sie auf den Trikots deutsche Chemie und russisches Öl bewerben. Weltmarken aus dem Ruhrgebiet.

Rote Erde und Glückauf, das ist bald 60 Jahre her. Die Kohle im Tunnel ist heute aus Plastik. Die Slogans sind von außen verordnet. Echte Liebe, während die Tradition als Sonderedition im Schaufenster liegt.

Am Spieltag aber ist das alles egal. Dann geht es heute wieder um früher, dann müssen alte Rechnungen beglichen werden, dann stehen auch die Ikonen von einst gleich mit auf dem Platz.

Das Derby, und daraus speist sich die Spannung, jedes Jahr wieder, ist eine Meisterschaft, die zwei Mannschaften an zwei Spieltagen unter sich ausmachen. Es ist der Titel, Derbysieger, der für alles andere entschädigen kann. Für ein Jahr Abstiegskampf, für 16 Spiele ohne Sieg, für die Angst vor den Bayern, die fehlende Mentalität gegen Augsburg. In diesen 180 Minuten ist das alles nicht mehr wichtig. Wer im Derby voll da ist, der geht mit Applaus. Wer hinterher nicht mehr stehen kann, wird auf Händen getragen.

Wer allerdings verliert, Schimpf und Schande, der kann im Sauerland Asyl beantragen.

Denn das Derby, egal, was sonst noch passiert, ist ein Gefühl. Tiefer als Hass, und älter als die meisten, die heute in der Kurve stehen und auf den Tribünen. Nord gegen Süd.

Ein Gefühl, das von der einen an die nächste Generation weitergegeben wird.

Eine Erinnerungskultur, darin wieder all die Szenen, die gespielten Minuten, die Tore in den letzten Sekunden. Rausch und Konietzka, Lehmann und Naldo, Frei und Smolarek, man muss wissen, was es mal war, um zu verstehen, was es noch ist.

Denn erst in der Reibung mit der Vergangenheit entstehen jene Funken, an denen sich die Momente entzünden.

Dann knallt es wieder.

Dann gibt es Tage, an denen alles möglich scheint.

Derby-Days.

Das zumindest ist die Erzählung, die den Mythos am Leben erhält. Schwarzgelb gegen Königsblau, Lüdenscheid-Nord gegen Herne-West, die verbotenen Städte, die vergifteten Vokabeln. So stehen sie sich nun seit Ewigkeiten gegenüber. Ihre Farben als Schilde.

In jüngster Zeit allerdings, und da bekommt die Folklore erste Risse, ist diesem Duell die Augenhöhe abhandengekommen, schleichend, aber doch bemerkenswert polternd, haben sich die Vereine voneinander entfernt. Das Derby ist heute ein Duell mit ungleichen Waffen. Der BVB hat, ein Beispiel nur, in den vergangenen zehn Jahren etwa 400 Millionen Euro mehr erwirtschaftet als Schalke 04. Die Verbindlichkeiten der Schalker bewegen sich hingegen im neunstelligen Bereich. Ein Armutszeugnis. Schalke, das ist ein fortwährender Strukturwandel. Umbruch folgt auf Umbruch, Trainer folgt auf Trainer. Und während die Borussia Jahr für Jahr an der Übermacht der Bayern zerschellt, scheitert der Nachbar aus Gelsenkirchen im Schatten dieses Zweikampfs kläglich an sich selbst und seinen Allüren.

Der Kader leidet darunter, die Ergebnisse entsprechen den Zuständen.

Die Vizemeisterschaft 2018 ist bereits eine Ewigkeit weit weg. Der Trainer von damals arbeitet heute in Moskau, der Großteil der Stammspieler wurde verkauft. Der Geist Assauers ist dem Abstiegsgespenst gewichen. Und die vergangenen drei Spielzeiten haben für Ernüchterung gesorgt. Rekorde nur noch am unteren Ende.

Kein Rausch, nirgends.

Manchmal könnten sich die Schalker, geprügelte Hunde, selbst in den Arsch beißen.

Das Duell mit dem Nachbarn aus Dortmund, es ist deshalb, vom Berger Feld aus betrachtet, vielleicht so wichtig wie selten zuvor. Es ist der letzte echte Feiertag.

Sie hatten Wagner, sie haben keine Festspiele mehr.

Doch wenn die Borussia in die Arena kommt, dann zählt das alles nicht mehr. Dann haben sie andere Ziele.

Heute, sagt Kai Feldhaus, geht es eigentlich nur noch darum, dem BVB die Meisterschaft zu versauen. Das ist dann immer die größte Freude für alle.

Weil dann die Hütte brennt, wieder tausend Feuer in der Stadt, und die Arena zur Kampfbahn wird. Ganz so, als könnten sie den Ball noch einmal von der Linie atmen.

Im April 2019 ist den Schalkern deshalb der vielleicht wichtigste Sieg der jüngeren Vergangenheit gelungen, 4:2 im

Westfalenstadion. Weil es ein Sieg für die Seele war, und eben auch die späte Rache für 2007, für dieses Zweizunull, für die Häme des Nachbarn, pechschwarzgelb und klebrig. Sie hatten der Borussia tatsächlich die Meisterschaft verdorben, die drei Punkte fehlten am Ende. Und ganz nebenbei die eigene Saison gerettet, die drei Punkte waren da fast nebensächlich.

Danach jubelten sie mit der Kurve und fuhren schließlich mit dem Bus zurück nach Gelsenkirchen.

Es sollte ein besonderer Abend werden.

Denn auf dem Rückweg zur Arena, mitten auf der Schalker Meile, drehte der Fahrer und stellte den Bus auf einen schmalen Parkplatz neben der Kampfbahn. Dort nun steht das Vereins-Lokal *Bosch*. Der Ort, an dem all die Erinnerungen zu Hause sind, die Eurofighter an der Wand hängen und Kuzorra noch einen Stammplatz hat, mit Plakette rechts neben der Theke. Ganz so, als würde er jeden Moment durch die Tür mit der Milchglasscheibe treten.

Ein Ort zudem, an dem noch die alten Lieder gesungen werden und Rudi Assauer, im Mund die Zigarre, über der Schulter den UEFA-Pokal, mit Trauerflor im Regal steht, unvergessen.

Dort nun feierten die Spieler mit den Fans, die ihr Glück kaum fassen konnten, tanzten auf den Tischen, sangen die alten Lieder. Asoziale Schalker, Arm in Arm und aus dem Häuschen.

Und immer wieder hielten sie die Handys in die Menge, filmten sich dabei, verwackelte Videos, aus denen am nächsten Tag Schlagzeilen wurden.

So hatten die Schalker in diesen Stunden nach dem Derby neue Bilder geschaffen, die bleiben sollten.

MASSANZÜGE

Es ist eine Teambuildingmaßnahme.

HASAN SALIHAMIDŽIĆ

Sie ist eine Bühne, die Wiesn. Eine Bühne aus Seilen und Planen, aus Theken und Bänken. Immer wieder gezimmert. Mit Brettern, die für zwei Wochen die Welt bedeuten.

Dann tummelt sich das Volk in den Gängen, unter einem Himmel aus Baumwolle und Polyester und Balken, die sich biegen. Dann beginnt das Schauspiel der Prominenz, der Reigen jener, die angereist sind, um sich selbst aufzubauen. Schausteller ihrer eigenen Biografie. So treten sie auf, hintereinander weg, noch eine Runde über Kopf. Die Gesichter aus den Klatschblättern. Für sie und für ihn. Die Schauspieler, die Musiker, die Fernsehsternchen, manche erkennt man sogar. Sie treffen sich dann, bussibussi und Herzchen, in der *Käfer-Schänke*, einem fast 50 Jahre alten Holzhaus, das aber in der Berichterstattung dieser Tage immer nur das Promi-Zelt genannt wird, was in seiner Geilheit nicht zufällig nach Sommerhaus klingt oder nach Dschungelcamp.

Die Bewohner sind mitunter dieselben.

Geschlossene Gesellschaft.

Und am Ende, wie jedes Jahr, kommen die Bayern. Der Fußballklub und seine Angestellten, in vollem Ornat.

Das gehörte immer dazu. Das gehörte sich so. Ritual und Tradition. Wenn möglich am letzten Sonntag des Festes, wenn möglich in der Schänke, auch das seit Jahrzehnten.

Die Spieler, an der Seite die Freundin, die Frau, das neue Gesicht, tragen Lederhose und Tracht, den Maßanzug, auf den Leib geschneidert. Den Janker zum Jancker. Die Damen tragen das Dirndl dazu, manchmal gewagt. Sie sehen fesch aus darin, so steht es am nächsten Tag in der Zeitung.

Eine große Gaudi, natürlich. Als wäre es Kunst.

Und die Bilder, die Posen, über die Jahrzehnte hinweg, ähneln sich. Dresscode Folklore.

Man kann sie beliebig vertauschen.

Thomas und Claudia.

Lothar und Lolita.

Ottmar und Franz.

Lothar und Liliana.

Claudia und Stefan.

Karl-Heinz und Uli.

Lothar und Anastasia.

Uli und Brazzo.

Die Beziehungen im Fokus, die Gerüchte dann in der Bildunterschrift. Böse Zungen, geschundene Zeilen. Und die ganze Stadt ist Publikum. Wartet auf die nächste Show.

Denn nirgendwo sonst offenbart sich das Wesen des FC Bayern so sehr wie auf der Wiesn. Dort, im Zelt und an der Schänke, stellt sich dieser Verein bereitwillig in die Auslage, nackt bis auf die Tracht. Dort, im Dickicht der Dirndl, werden die Bierkrüge zu Brenngläsern, beste Lupen auf die kleinen Risse, die Sorgenfalten, die Sollbruchstellen des Kaders. Dort, die Übergänge fließend, offenbart sich der Aggregatszustand dieses Klubs. Und in der Luft, schwer vom Alkohol und klebrig vom Schweiß, liegt immer schon die Hoffnung auf den nächsten Skandal.

Und so kann, wer möchte, die Geschichte des FC Bayern auch an den Besuchen im Zelt entlang erzählen. Wie bei jedem richtigen Zirkus. Alle Aufs und alle Abs, die Höhepunkte und die Niederschläge. Weil der Triumph noch viel besser schmeckt, wenn man ihn erst öffentlich auskosten und dann mit reichlich Weißbier nachspülen kann.

Und weil sich, Kehrseite, die Schrammen im Blitzlicht immer nur notdürftig kaschieren lassen.

2019 etwa, gutes Beispiel, lief dort auf der Theresienwiese wieder alles zusammen, liefen die großen Geschichten fast parallel. Und man schaute in harte Gesichter.

Die Bayern hatten zuvor gegen Hoffenheim verloren, der erste echte Rückschlag dieser Saison. Vor allem aber hatten sie einen Satz im Gepäck, der weit schwerer wog als die Niederlage. Gesprochen vom Trainer, unmittelbar nach dem Spiel. Es war seine Antwort auf die Frage nach Thomas Müller, Vizekapitän und Ersatzspieler.

Wenn Not am Mann sein sollte, hatte Niko Kovač da gesagt, wird er mit Sicherheit auch seine Minuten bekommen.

Und weil gleich danach Oktoberfest war, wurde auch dieser Satz, ohne Fingerspitzengefühl in die bereits offene Wunde gelegt, mit Folklore aufgeladen. Er war jetzt nicht mehr nur ein Satz, sondern, so will es das Vokabular der Wiesn, eine Watschn. Die bayrischste Form der Abreibung. Und die Stimmung, auch das war zu lesen, hatte schon vor der ersten Maß einen Kater.

Thomas Müller jedenfalls trat gleich nach Karl-Heinz Rummenigge ins Zelt, er musste nichts sagen, suchte den

Hintergrund. Auch das ein Kommentar. Vorne aber, Schulter an Schulter, versuchten Niko Kovač und Hasan Salihamidžić noch, ein Bild abzugeben, stießen an und rangen mit ihrem Fotolächeln. Die gute Miene zum schlechten Spiel, darin lag schon das Scheitern.

Denn es ist nun mal so, dass dieser Müller, Herz auf der Zunge, auch die urbayrische Seele dieses Vereins ist. Wenn er leidet und dieses Leiden zur Schau trägt, dann gärt es auch in den Eingeweiden des Klubs. Wenn er hörbar aufstößt, das alles wirklich zum Kotzen findet, dann hat auch Uli Hoeneß Magenscherzen. Da hilft keine Weißbierkur.

Niko Kovač, das konnte man da bereits ahnen, hatte die Kabine verloren. Sein Satz über die Not, das wurde nun deutlich, hatte sich zwischen Mannschaft und Trainer geschoben, den Verein und auch die Zungen gespalten.

Die Watschn, sie hatte ein unüberhörbares Echo erzeugt.

Der Sportdirektor, Kämpfer im Graben der anderen, wollte damals noch retten, was nicht mehr zu retten war. Gab Interviews, in denen er den verunglückten Ausflug umzudeuten versuchte.

Es ist, sagte Hasan Salihamidžić, eine Teambuildingmaßnahme.

Eine hilflose Hülse im Angesicht der Umstände.

Eine Durchhalteparole.

Der Sportdirektor wirkte müde, seltsam erschlafft. Bereits im Herbst zuvor, dem ersten unter Kovač, waren die Bayern geprügelt zur Wiesn gereist, 0:3 gegen Gladbach. Nun boten sie ein Schauspiel auf offener Bühne. Konnten sich, inmitten der guten Laune, nicht verstecken.

Aber was sollten sie machen?

Der Termin am Ende der Wiesn ist Pflicht für die Bayern,

sie müssen da hin. Für die Sponsoren, die Fans, das Gefühl. Sie sind dort Botschafter in eigener Sache, Freistaatsmänner. Irgendwann kommt der Söder dazu, gesellt sich ins Bild, wie früher schon Stoiber und Strauß.

Die Bayern, sie haben dann keine Wahl.

In den guten Jahren ist all dies die vielleicht schönste Kulisse für den Siegestaumel, das bayrische Selbstverständnis, mit Rüschen verziert. Die Bayern können dort ihre Überlegenheit ausstellen, die Zunullrekorde feiern, den Abstand auf die verkümmerten Verfolger, den sie bereits herausgeschossen haben. Die ganze Mannschaft eine gut geölte Maschine.

Ein Prosit auf die Profis.

In den schlechten Jahren aber liegt das Oktoberfest doch denkbar ungünstig im Kalender. Ein Hindernis, wie hineinmontiert in den bereits übervollen Spielplan. Denn während der Wiesn, komme, was wolle, wird der Verein zur Bestandsaufnahme gezwungen. Und er sollte, auch das ist Folklore, in dieser Zeit unbedingt funktionieren. Ergebnisse liefern, die Zuschauer bei Laune halten.

Wir müssen, das hatte Louis van Gaal einst gesagt, in dieser Periode unbesiegt bleiben, damit es für die Leute sehr spaßvoll ist.

Der bayrische Anspruch, verdichtet in der wundervoll verschwurbelten Diktion des Feierbiestes.

Van Gaal aber, selbst kein Freund des Oktoberfestes, hatte zu jener Zeit auch eine ganz eigene Begründung für den ewigen Besuch auf der Wiesn.

Das ist, erklärte er da, vor allem für die ausländischen Spieler gut, die so die bayrische Kultur kennenlernen.

Zehn Jahre später zog Hasan Salihamidžić diesen Gedanken des Holländers noch einmal aus der Mottenkiste der Allgemeingültigkeit.

Da, sagte er 2019, sollen auch unsere Neuzugänge sehen, was es bedeutet, in München zu spielen.

Es waren Worte, mehrfach abgedruckt, die schon damals so klangen, als hätte sie jemand aus der Presseabteilung, vielleicht sogar Dieter Nickles selbst, mit viel Zuckerguss auf eines der Lebkuchenherzen geklebt. Es waren Worte, übervoll mit dem *Mia san mia*, dieser immer wieder mühsam umgerührten Ursuppe des Klubs. Sie offenbarten eine ganz eigene, weiß-blau karierte Sicht auf die Welt.

Der Freistaat Bayern, sagte Markus Söder vor Kurzem, wird wie der FC Bayern gesehen.

Aber im Grunde, das weiß der Ministerpräsident selbst, ist es andersherum.

Der Fußballklub und der Freistaat, sie sind, nicht nur im Wappen, fast Synonym. Bayern ist Bayern. Und das Vereinsheim an der Säbener Straße die vielleicht wichtigste Vertretung des Bundeslandes. Denn dort, in den Fanshops und Interviews, dem hauseigenen Sender, der hauseigenen Abteilung Attacke, werden die Heimatgefühle erst konserviert und dann gewinnbringend verkauft. Hier werden die Namen gehandelt und Traditionen trainiert.

Mia san mia, die DNA in Brezelform. Sie soll, im besten Falle vererbt, im schlechtesten zumindest kultiviert werden, Münchner Missionare. Und deshalb wird irgendwann jeder Neuzugang mit Weißbier getauft, während oben auf der Tribüne die Dreifaltigkeit applaudiert, den roten Schal als Stola um den Hals. Rituale und Traditionen.

Ohne Ausnahmen.

Da mussten alle irgendwie durch.

Luca Toni, der wirklich stolze Italiener.

Franck Ribéry, der französische Filou.

Sammy Kuffour aus Ghana.

Oder Giovane Élber aus Brasilien.

Ganz egal. Anfang Oktober, komme, was wolle, trugen auch sie Lederhose und Janker. Eine Weltauswahl in Tracht. Als würden die Harlem Globetrotters plötzlich Schuhplattler tanzen.

Auch das eine Gaudi, auch das eine Kunst.

Die Spieler, Angestellte des Klubs, sie werden dort im Blitzlicht jedes Mal zu Mannequins eines Gefühls. Dann lassen sie die Puppen tanzen, dann werden auch die Sprachbarrieren und Missverständnisse irgendwann einfach hell abgelöscht. Das *Käfer*-Zelt ist das seit jeher passgenaue Schaufenster für die Marke FC Bayern. Hier kondensiert die Überzeugung. Hier ist dieser Verein ganz bei sich.

Im September 2020, als die Wiesn zum ersten Mal seit 1949 nicht stattfinden konnte, die Bilder ausfallen mussten, hatte der FC Bayern deshalb gerade noch rechtzeitig den passenden Botschafter gefunden. Für die Marke, für diese Zeit. Einen nämlich, der die entstandene Lücke zu füllen wusste und die Lederhose zum Lächeln trug, als ehrliche Haut. Einen auch, auf den man sich im Oktober verlassen konnte. Als Ersatzmann, als Vortänzer, als Übersetzer.

Einen, der wirklich immer schon da, immer schon Stammgast gewesen war.

Denn 2019, während Thomas Müller nicht mehr sprach, Niko Kovač sich wünschte, niemals gesprochen zu haben, und Jens Lehmann, der nachweislich nie beim FC Bayern gespielt hatte, von Sicherheitskräften aus dem Promi-Zelt entfernt wurde, stand auch Claudio Pizarro wieder auf der Wiesn, so wie jedes Jahr. In vollem Ornat. Er trug, natürlich, Lederhose und Trachtenhemd. Er sah aus, als hätten ihn die Bayern erfunden. Der Peruaner war den weiten Weg von der Weser gekommen, obwohl er sich dort zuvor noch mit Rückenschmerzen nur bedingt einsatzfähig gemeldet hatte. Er war mittlerweile 40 Jahre alt, er konnte sich das erlauben. Und überhaupt, die Wiesn war längst sein eigentliches Zuhause. Früher, so hieß es dann immer, offenes Geheimnis, habe Pizarro in den Volksfestwochen durchaus mehr Zeit auf der Theresienwiese als auf dem Trainingsplatz an der Säbener Straße verbracht.

Claudio Pizarro, kein Witz, aber doch großartiger Zufall, wurde am 3. Oktober geboren. Und es gab Jahre, da fiel das Ende der Wiesn auf genau dieses Datum. Der Peruaner hatte in diesen Tagen gleich doppelt Grund zu feiern. Einmal, etwa 15 Jahre her, wurde er am sehr frühen Montagmorgen nach einem Besuch im *Käfer*-Zelt von der Polizei angehalten.

Die Alkoholkontrolle ergab launige 1,1 Promille.

Felix Magath, sein damalig er Trainer, wurde hinterher gefragt, ob sein Stürmer trotzdem mitkommen dürfe zum offiziellen Termin am Sonntag danach.

Er antwortete mit dem wohl einzigen Gag seiner Karriere.

Ich denke, sagte Magath also, dass er uns da empfängt.

Uli Hoeneß, der ehemalige Präsident des FC Bayern, hatte Pizarro einst den wundersam treffsicheren Beinamen Schlawiner verliehen. Ein Ritterschlag des Bratwurstkönigs.

Er trug ihn fortan wie einen Orden.

Zum Fototermin im Herbst 2020, seinem ersten öffentlichen Auftritt als nun wieder offizielle Bayernfigur, hatte sich Pizarro zudem einen roten Janker übergeworfen, man kann davon ausgehen, dass er den daheim noch griffbereit im Schrank hatte. Pizarro sah wieder aus wie erfunden. Er sah aus, als hätte er, unter Magath und unter van Gaal, die Kultur kennengelernt. Und für einen ganz kurzen Moment war an diesem Tag im September doch wieder Wiesn.

Pizarro, das sei noch erwähnt, besitzt in seiner Heimat Peru eine 44 Hektar große Ranch, auf der er Rennpferde züchten lässt. Die Tiere dort hören auf sehr deutsche, für die Angestellten unmöglich auszusprechende Namen.

Sie heißen Merkel, Gerd Müller und El Kaiser.

Sie heißen Klassenerhalt, Allianz Arena und Marienplatz.

Und, na klar, Oktoberfest.

MEHR ALS EIN SPIEL

Der BFC, das war für uns
nicht Mielke, sondern
Thom, Doll und Rohde.
SCHMIDDE

Das Rückspiel schauen, hatten sie gesagt, auf keinen Fall. Keine Chance. Sich noch einmal vorführen, vom Ergebnis verhöhnen lassen, 30 Jahre nach der Wende, das wollten sie nicht. Die Männer am Platz. Das Rückspiel schauen, einfach so zum Vergnügen, darauf können auch nur Westler kommen, das gibt es hier nicht. Die fünf Tore in Bremen, sie hatten lange gebraucht, um das zu verkraften. Dieses unsagbare Resultat, das Wunder der anderen. Diese Backpfeife aus Bremen, sie schmerzt noch immer.

Aber, hatten sie gesagt, Vorschlag zur Güte, wenn wir uns treffen, dann für das Hinspiel. Das geile Dreizunull, da schwingt die Hoffnung noch mit. Deshalb gibt es an diesem Abend, Mittwoch im September, BFC gegen Werder.

Heimspiel in Ost-Berlin, 32 Jahre danach.

Die Männer am Platz, sie waren damals die Jungen im Stadion. Sie haben den Fußball nie vergessen, keinen einzigen Pass. Mittwochs spielen sie selbst, auf diesem Feld mitten in Berlin. Kunstrasen, stehen am Anstoßkreis und können von dort, beste Sicht auf die Dinge, den Fernsehturm sehen.

Ulbrichts leuchtende Kugel, als hätte jemand die Erinnerungen in den Himmel gehängt.

Die Männer am Platz tragen heute blaue Trikots, das Weinrot darunter. Die alten Farben immer griffbereit, den Stolz für die Brust. Danach sitzen sie noch, wie früher zusammen, und schauen Europapokal. In der Kneipe, die hier dazugehört. Kabine für die dritte Halbzeit. Wohnzimmer für alle, die nicht gerne nach Hause gehen. Betreutes Trinken bei Ralle und Frankie. Den zwei Brüdern, die hier am Hahn stehen, bis ihnen der Kamm schwillt.

Originale, besser man grüßt gleich an der Schwelle.

Die Männer am Platz tragen heute Namen, die auf keinem Rücken stehen, mit den Jahren spitz geworden. Namen, die man sich erstmal verdienen muss, draußen auf dem Feld und danach hier am Tresen. Einer heißt Felde, der Boxer, trinkt sein Bier ohne Regung. Ein anderer Schufte. Und früher, gegenüber in der Ecke, saß immer einer im Trainingsanzug, der Schiedsrichter war und Geschichtenerzähler.

Der hatte noch andere Spiele gesehen, in anderen Kurven.

Den, mit Hochachtung, hatten sie Manmunkelt getauft, weil man eben nie so genau wusste, ob die Geschichten auch stimmten. Grauzone Ost-Berlin.

Munki, sagten jene, die ihn besser kannten.

Er ist vor Kurzem gestorben, das ist jetzt zwei Jahre her. Sein Portrait hängt in der Tür. Daneben, an den Wänden, hängen die anderen. Bekannte Besucher. Blitzlichtgestalten.

Der Häßler, Icke aus Reinickendorf.

Und der Thom, Andy aus Herzfelde.

Ost und West, von der Decke baumeln die Schals, die

Trikots und die Wimpel, auf dem Kühlschrank steht ein Schwein für die Phrasen. Das echte aus dem *Doppelpass*, das hat der Philosoph mitgebracht.

So eine Kneipe ist das, übervoll mit den Seelen des Spiels. Drei Fernseher dazu. Meist laufen die Bayern. Ralle ist Fan, kann man nichts machen. Müller und Neuer in der Allianz Arena, wilde Wetten dazu. Heute aber, wie versprochen, laufen hier die Szenen von damals.

Ernst und Reich im Jahn-Sportpark, Flutlichtgefühl.

Und mittendrin sitzen Schmidde und Denis, 32 Jahre später, 32 Jahre älter. Ein Blick auf die Uhr. Sie waren damals dabei. Kurve, gleich hinter dem Tor. Der eine gerade 18. Der andere, darauf legt er Wert, dreizehneinhalb. Hatte seine Karte von einem Offiziellen aus Bremen bekommen.

Der, sagt Denis, hat die bezahlt. In West. Nur seinen Namen hat er nie genannt, dabei hätte ich mich hinterher gerne bedankt.

Und Schmidde, großartiger Beginn, hat das alte Ticket mitgebracht. Karton unter Folie. 10 Mark teuer, 10 Pfennig noch obendrauf. Kulturfonds, sagt er. Vergnügungssteuer. So war das im Osten. Das sagt er, und sagt es nachher noch oft. Im Osten. Was viel mehr die Zeit beschreibt als den Ort, aus dem er kommt.

Im Osten, das war alles vor Neunzig.

Im Osten, das war Kindheit und Jugend.

Im Osten, das war der BFC.

Ein Gefühl, ein Leben. Immer wieder 90 Minuten.

Die eigene Erzählung, Schmidde erinnert sich jetzt.

Sie haben sich damals im Viertel getroffen. 50 Jungs, die immer gleichen Gesichter. Sie kannten sich gut. Das war der Pöbel, sagt er und lacht, der ist auch auswärts gefahren.

In Erfurt, Tage zuvor, hatten sie in der Kurve gestanden. Sechs Tore gegen Rot-Weiß. Und oben auf der Tribüne hatte der Otto gesessen, Gegnerbeobachtung. Rehhagel, ein offizieller Spion aus dem Westen. Da hatten sie zu singen begonnen, ein Schlachtruf aus der Not heraus.

Otto, Otto, hör mal her, wir kriegen keine Karten mehr.

Vielleicht hatte er sie sogar gehört.

Am Spieltag jedenfalls, zwei Stunden vor Anpfiff, hatten sie dann mehr als genug. Karten für die Kurve, Karten eng am Körper. Sind deshalb auch erstmal weitergefahren, am Stadion vorbei, hoch zur Friedrichstraße.

50 Jungs, wollten die Tickets loswerden.

Verkaufen für West, sagt Schmidde.

Die härtere Währung. Hatten auf Kundschaft aus Bremen gehofft, bekamen stattdessen jedoch Gesellschaft aus dem Ministerium.

Einer, sagt Schmidde, wurde hopsgenommen.

Der Rest fuhr zurück, gerade noch rechtzeitig.

Und in der Kneipe, Ralle und Frankie hinten am Hahn, Schmidde und Denis vorne entspannt, beginnt die Übertragung. 6. September 1988, gleich Gänsehaut. Und gleich die erste Enttäuschung. Es läuft, nabendallerseits, Westfernsehen. Faßbender statt Weise.

Der Heribert, sagt Schmidde. Nun gut.

Willkommen im Jahn-Sportpark zu Berlin, sagt der Heribert zur Begrüßung.

Da müssen die Männer am Platz das erste Mal lachen. Wie förmlich das klingt. Und in der *ARD*, das alte Logo jetzt links in der Ecke, wird die Tribüne gezeigt. Die Funktionäre, Männer in Anzügen, Frauen im Kostüm.

Dazwischen Stasichef Mielke.

Da saßen sie, sagt Schmidde.

Viel Prominenz, sagt Denis.

Dann treten die Spieler ins Bild. Und Schmidde spricht die Aufstellung in den Raum, auswendig, als wäre es gestern gewesen. Im Tor der Bodo, der Teufelskerl. Davor Frank Rohde, der Libero. Daneben Herzog, junger Kerl. Heute putzt er Schuhe bei der Hertha, der neureichen Tante im Westen. Dazu Schulz im Mittelfeld. Und vorne, Prunkstück Offensive, die drei Kanoniere. Thom, Doll und Pastor.

Flink und gefährlich.

Pastor als Mittelstürmer, sagt Denis, und Thom als Verkappter. Der ist da rumgeschlichen wie Müller heute.

Die Kneipe ist siegessicher jetzt, Vorfreude im Raum.

Die Bremer, das wissen hier alle, werden wenig Chancen haben und noch weniger Spaß. Die Männer am Platz aber, sie wollen, so klingt es nun, raspelkurzes Ostberlinern, nochmal kieken, wie schön ditt war. Damals.

An dem Abend, sagt Schmidde, war die Stimmung gut.

Hörste ja, sagt Denis. Deutscher Meister BFC.

Dann Anstoß. Erste Chance durch Borowka, erstes Foul an Votava, doch nicht so schlimm. Dann aber, das dauert nicht lang, wird das Spiel zum Rauschen im Hintergrund, weil hier in der Kneipe nun unmittelbar über die Bedeutung dieses Duells gesprochen werden muss.

Deutscher Meister BFC, so dröhnte es im Stadion. Deutscher Meister Werder Bremen, so stand es in der Statistik. Darin allein lag ja schon die Brisanz. Also, wie war das eigentlich, damals im Europokal gleich gegen den Nachbarn zu spielen, den Westen an sich? Sie überlegen nur kurz.

Für die Spieler, sagt Denis, war das nicht so gut. Da wurde zu viel Politik hineininterpretiert.

Da war die Stimmung schon vorher aufgeladen. Da ging es zuerst um die Systeme und erst danach um die Taktik. Der Sportpark als Kampfbahn. Jeder Spieler, so hieß es nun mal, ein kleiner Außenminister.

Aber für uns, sagt Schmidde, war das gut.

Die Männer am Platz, sie sind in Pankow aufgewachsen.

Und im Prenzlauer Berg.

Hauptstädter, immer nahe am Westen.

Da, sagt Denis, hatte man einen ganz anderen Bezug zur Grenze. Bei mir war nur Mauer. Links, rechts. Immer in Sichtweite, immer gleich nebenan.

Und Schmidde, bisschen älter ja schon, hat damals im VEB-Energie-Kombinat gelernt, stand jeden Tag mit Grenzausweis im Grenzgebiet. Oben an der Behmbrücke, das erzählten die Alten, konnte man mitunter den Jubel hören, nach den Toren der Hertha. Sie, die Ost-Berliner, hatten ein Ohr dafür und drüben noch einen anderen Verein, die verbotene Liebe.

Schmidde den HSV, Denis die Bayern.

So war das im Osten.

Und am Rand, hinter den Linien, stehen die Banden. Wie zum Beweis. Buderus und Konica, Bauhaus und Beck's. Werbung für den Klassenfeind. Grüße aus dem kapitalistischen Ausland.

Das, sagt Schmidde, gab es im Osten nicht. Da hast du immer nur auf den flachen Zaun geschaut.

Die Bremer hatten den Westen mitgebracht. Die Bremer, aus der Kurve betrachtet, waren gern gesehene Gäste.

Sie verteilten bereitwillig Geschenke.

Jetzt, sagt Schmidde, fällt das 1:0.

Und oben auf dem Fernseher, Tatsache, trifft Thomas Doll.

16. Minute. Reck ohne Chance.

Pannen-Olli, sagt Denis.

Das kommt überraschend, sagt Faßbender.

Der Heribert, sagt Schmidde.

Da muss die Kneipe zum zweiten Mal lachen.

Dann stockt das Bild.

Die Röhre, sagt Ralle, ist kalt geworden.

Zapft das nächste Bier, Seelenruhe.

Dann klopft Frankie auf die Theke. Jacke drüber, Abschiedsgesten. Unverständnis im Raum.

Frankie, sagt Schmidde, einigermaßen entrüstet, es steht 1:0. Da fallen noch zwee.

Ick guck mir den Rest zu Hause an, sagt Frankie und geht. Hinter ihm der Pausenpfiff.

Und die Männer stehen draußen und rauchen, hinter ihnen das Feld, hinter ihnen der Fernsehturm. Ruhige Kugel. Es gibt vielleicht keinen besseren Ort. Hier im Osten, davor noch die Platten von einst. Man kann hier, nun gut, auch über das Schlechte sprechen, die düsteren Vokabeln. Über die Schatten, die sich im Flutlicht sonnten. Stasi-Klub, unvermeidliche Frage, was ist davon übrig geblieben?

Und Schmidde nickt.

Die Stasi, klar, gehörte dazu.

Im Alltag, im Stadion, im Spiel.

Er wurde ja selbst abgeholt, von Männern, die sich schrecklich ähnlich sahen, die das Unauffällige als Uniform trugen. Manchmal standen sie am Spieltag gleich morgens vor der Tür. Gehen Sie heute zum Fußball, die Frage auf dem Absatz. Die Stasi hatte den Pöbel im Auge, sie war auch auswärts dabei.

Aber, sagt Schmidde, der BFC, das war für uns nicht

Mielke, sondern Thom, Doll und Rohde. Der Schiebermeister? Das waren eben auch sehr gute Spieler.

Es sind Sätze, in denen der Fußball mit der Politik kollidiert. Sätze, die keine Gewinner kennen.

Sie bleiben in der Nacht.

Dann geht das Spiel wieder los.

Jetzt, sagt Faßbender, können Sie wieder die Werder-Schlachtrufe hören. Favoritenlyrik, seltsam blechern und entrückt. Dann raubt Rudwaleit, der Bodo, den Bremern die Hoffnung. Turnt, seltsam verdreht, ein Spinnenmann, alle Glieder Plaste und Elaste, einen eigentlich unmöglichen Ball von der Linie.

Wie er das Ding rauszuppelt, sagt Schmidde. Wie Toni Turek. Weltklasse wie Neuer.

Der Bodo, sagt Denis, ist ein feiner Kerl. Der passt inne Welt.

Oben läuft die Wiederholung des Kunststücks. Immer und immer wieder. Faßbender kann es nicht glauben. Und schließlich hat der Thom seinen Auftritt.

Der Andy von hier.

Schon wieder im Angriff, sagt Faßbender, einen Tag vor seinem 23. Geburtstag.

Früher, sagt Schmidde, hing in der Kurve immer dieses Transparent.

Weltklasse aus Berlin: Andreas Thom.

1988 Fußballer des Jahres, ein Exportschlager später.

Da isser, sagt Denis. Und zeigt an die Wand. Und zeigt auf den Bildschirm, während sich die Bilder übereinanderlegen. Thom als Gast in der Kneipe. Das Lächeln im Blitzlicht. Thom als Gast im Bremer Strafraum. Der Kopfball unhaltbar. Und er macht sich, sagt Faßbender, das Geburtstagsgeschenk gleich selbst. Zweizunull, herzlichen Glückwunsch.

Zugabe, brüllt die Tonspur.

Das, sagt Schmidde, wurde vom Westfernsehen eingespielt. Ganz sicher, ganz miese Propaganda vom Band. Und wieder lacht die Kneipe. Hier wissen ja alle, das war's.

Erst Doll und dann Thom, das Ding ist gelaufen.

Fehlt nur noch Pastor, der Dritte im Bunde, 77. Minute.

Jetzt fällt das, gloobick. Sagt Schmidde. Pastor alleine vor Reck. Und dem Oli dann durch die Beene. Erstklassiger Konter.

Für den BFC, sagt Denis, hat an dem Tag auch einfach alles gepasst.

Ganz kurz steht nun das Gefühl des Sieges im Raum, als könnte sich die Kneipe gleich selbst auf den Schultern nach draußen tragen, den Platz stürmen. Wie früher. Pastor in Großaufnahme. Und mit dem Abpfiff laufen die Spieler in die Kurve, in der die Jungs damals standen, jubeln auf dem Zaun, die Faust in den Himmel.

Frenetischer Freudentaumel, sagt Denis, noch einmal dreizehneinhalb.

Damit hast du ja nun och nich jerechnet, sagt Schmidde, den Osten jetzt erst recht in der Stimme, dass du den Meister der BRD uff eenmal 3:0 abfiddelst.

Und oben im Fernsehgerät, im Jahn-Sportpark zu Berlin, zieht Faßbender sein Fazit, es reißt die Kneipe aus dem Taumel. Ist das hier, fragt er also, aus der Sicht des Gastes aus Bremen, in der ersten Runde das Aus?

Die Kneipe weiß die Antwort genau.

Ich glaube nicht, sagt Schmidde. Bitter.

Das Rückspiel, es lässt sich nicht ändern. Es ist das Ende der Geschichte, das kann man nicht verschweigen.

Die Männer am Platz, sie waren sich damals so sicher.

Mit drei Toren im Gepäck in den Westen, das konnte nicht schiefgehen, wie sollte es auch.

Diese große Euphorie, sagt Schmidde, und dann bekommst du im Rückspiel fünf Bouletten.

Das, sagt Denis, war die größte Enttäuschung in meinem Fußballerleben.

Das Wunder der anderen, die Kneipe nennt es Debakel. Und kennt auch die Gründe dafür. Die Geschichten, die sich bis heute gehalten haben. Eine gibt es jetzt noch.

Als Rausschmeißer, während Ralle das Licht löscht.

Es heißt ja, sagt Schmidde also, dass die ganze Mannschaft vor dem Spiel einkaufen war.

Mit Willi Lemke in Bremen. Elektroartikel im kapitalistischen Ausland. Nun ja. Manmunkelt. Dann geht auch er.

Am Ende, lange nach dem Abpfiff damals, sind Schmidde und die anderen noch mal zurück zur Friedrichstraße gefahren. Der Pöbel, von der Euphorie getrieben. Wollten sich dort ein paar Andenken sichern, Souvenirs aus dem Westen. Wollten, so hieß das damals, Werder-Fans ruppen. Ihnen die Schals abnehmen.

Ein paar, sagt Schmidde, hatten auch Erfolg.

Grauzone, auch das längst verjährt.

Geblieben sind die Erinnerungen aus dem Jahn-Sportpark. Flutlicht und Thom, Burkhard Reich auf dem Zaun. Der Erfolg, zum Greifen nah. Die Jungs im Stadion, die Männer am Platz, sie waren damals für einen flüchtigen Moment unbesiegbar.

In dieser einen Nacht.

Im Osten.

UM EIN HAAR

Ich muss dieses Mittel anwenden,
um meinen guten Ruf zu bewahren.
CHRISTOPH DAUM

Viele werden sich bei mir entschuldigen.
ULI HOENESS

Die Sache wird als größter Skandal
in die Bundesliga-Geschichte eingehen.
PAUL BREITNER

Er sitzt dort, mit dem Rücken zur hellblauen Wand, und möchte nun alles auf den Tisch legen.

Christoph Daum hat zur Pressekonferenz geladen.

In der BayArena, so sagt es der Sprecher im *DSF*, ist die Bühne bereitet.

Der große Auftritt, 9. Oktober 2000.

Daum, das wissen die versammelten Journalisten, will Fakten schaffen, Klarheit. Er muss reagieren. Auf die Gerüchte, die sich unter dem Druck der Öffentlichkeit längst zu Anschuldigungen verfestigt haben.

Sie sitzen mit ihm auf dem Podium.

Eine Woche zuvor hatte Uli Hoeneß, seit Jahren Daums

geliebter Feind, in einem Interview mit der *Abendzeitung* plötzlich über das Raunen der Branche gesprochen, über die Vorwürfe, die als Elefanten im Raum standen. Es ging um Erpressungsversuche und Prostitution. Um Bedrohungen aus dem Knast, dem Jenseits und dem Milieu, von Daum selbst öffentlich gemacht. Um all die Scheiße, sagte Hoeneß.

Vor allem aber ging es um den verschnupften Daum, die Drogenprobleme eines Trainers, der im darauffolgenden Jahr den wichtigsten Job seiner Karriere antreten und die Nationalmannschaft übernehmen sollte. Der Vertrag war längst unterschrieben, Rudi Völler nur Statthalter.

Daum, Messias am Ende der Kohl-Ära, hatte sich zehn Jahre lang den Bayern entgegengestellt. Mit Hohn und mit Spott, am Spielfeldrand und in der *Sportschau*. Er hatte Jupp Heynckes vorgeführt und mit Dieter Hoeneß die Meisterschaft gewonnen. Und während andere gerne über Wasser gegangen wären, ließ er seine Spieler über glühende Kohlen laufen. Ein Wunderheiler. Nun sollte er den deutschen Fußball retten, der in schlimmen Sakkos hilflos vor sich hin rumpelte. Warten auf eine neue Zeit.

So war das Interview in der *Abendzeitung* auch ein besonderer Gruß nach Frankfurt am Main. Ein Brandbrief, adressiert an den DFB, Otto-Fleck-Schneise 6, der zu jener Zeit gerade eine neue Kampagne gestartet hatte.

Keine Macht den Drogen.

Ein Widerspruch, der Widerspruch provozierte.

Wenn das alles Fakt ist, worüber geschrieben wurde, hatte Hoeneß schließlich über Daum gesagt, dann kann er nicht Bundestrainer werden.

Das war die Schlagzeile, mit der Hoeneß von nun an die Schlagzeilen bestimmte.

Mit seinem kalkulierten Zwischenruf hatte der Bayern-Manager einen Wirkungstreffer gelandet, einen moralischen Erstschlag.

Er war der Beginn einer Zitate-Schlacht.

Ich müsste Uli Hoeneß mal zum Arzt schicken, sagte Reiner Calmund.

Mit seiner Meinung steht Hoeneß im Moment allein, sagte Franz Beckenbauer.

Die Sache, sagte Paul Breitner, wieder einmal die eigene Bibel unter dem Arm, wird als größter Skandal in die Bundesliga-Geschichte eingehen.

Und Justizministerin Herta Däubler-Gmelin sprach von einer Hexenverfolgung.

Viele, sagte Uli Hoeneß, werden sich bei mir entschuldigen.

Christoph Daum seinerseits stellte erst Strafanzeige wegen Verleumdung, versicherte dann, dass er in jedem Fall Bundestrainer werden würde, und kündigte schließlich völlig überraschend an, freiwillig eine Haarprobe abzugeben.

Weshalb er nun hier sitzt, Bühne BayArena.

Meine Damen und Herren, live aus Leverkusen.

Vor sich Papiere, seine Erklärung.

Ich muss dieses Mittel anwenden, sagt er dann, um meinen guten Ruf zu bewahren.

Und er sagt, nachdem er die Fakten geklärt hat, auch noch jenen Satz, der in den Jahren danach zum Untertitel seiner Biografie werden sollte.

Ich tue das, weil ich ein absolut reines Gewissen habe.

Elf Tage später, 20. Oktober, holt Reiner Calmund das Ergebnis der Haaranalyse in Köln ab. Es ist positiv. 72 Nanogramm pro Milligramm Haar, ein Wahnsinnswert, der auf regelmäßigen Konsum schließen lässt. Daum ist als Kokser überführt, sein Vertrag mit Bayer 04 wird noch am Abend aufgelöst. Rudi Völler übernimmt seinen Posten.

Und Herta Däubler-Gmelin muss bei Uli Hoeneß anrufen, um sich zu entschuldigen.

Das reine Gewissen, Daum hatte es selbst gestreckt. Sein Pulver verschossen. Er flüchtet nach Florida, taucht bei Freunden unter. Zwei Monate später kehrt er zurück, um im *Hyatt* in Köln die nächste denkwürdige Pressekonferenz zu geben. Sichtlich erholt und bester Laune.

Neben ihm Werner Hansch, eine Inszenierung.

Die Haaranalyse, sagt Daum, die ich habe machen lassen, war im Nachhinein ein Fehler.

Es gibt Menschen, die lachen darüber. Ach, der Christoph. Ein typischer Daum. Die Öffentlichkeit, das erzählt er heute gerne, habe ihm schnell verziehen. Vielleicht schneller als er sich selbst. Danach herrscht Stille.

Christoph Daum ist nie Bundestrainer geworden. Und er hat auch die Bundesliga irgendwann verlassen. Es war, das kann man so sagen, eine einvernehmliche Trennung. Der deutsche Fußball und Christoph Daum, sie haben es ja noch ein paarmal miteinander versucht, die alte Liebe aufgewärmt.

In Köln und in Frankfurt, da allerdings war Daum schon kleiner als sein Ruf. Da halfen die alten Mittel nicht mehr. Da hinterließ er Scherbenhaufen, über die niemand mehr gehen wollte.

Daum war seither noch Nationaltrainer in Rumänien, arbeitete bei Klubs in Belgien und in der Türkei. Und er hat sich, ohne großen Wirbel, mit Uli Hoeneß vertragen, am Telefon.

Zwei Straftäter, die ihre Zeit abgesessen hatten.

Der eine im Gefängnis, der andere im Exil.

Christoph Daum ist jetzt 67 Jahre alt, die großen Angebote gibt es nicht mehr. Es kann sein, dass er nicht noch einmal an die Seitenlinie zurückkehrt. Die Bühne aber sucht er weiterhin. Das Spiel mit der Öffentlichkeit beherrscht und genießt er noch immer, ein Dompteur in seinem eigenen Zirkus.

Jede Pressekonferenz eine Manege.

In Rumänien, vor drei Jahren etwa, hatte er auf die Frage nach einem möglichen Rücktritt mit einer wütenden Tirade in brüchigem Englisch geantwortet. Auch hier ließ er die Fakten tanzen, auch hier erkannte er eine Verschwörung, gegen sich und seine Arbeit. Eine bewusste Kampagne.

All crazy lies, schrie er da, alles verrückte Lügen. Und erklärte den durchaus überraschten Journalisten am Ende noch, dass er mehr Rumäne sei als sie. Dabei zeigte er wieder diesen flackernden Blick, sein merkwürdiges Markenzeichen, nur Augen für das Spiel. Ein Video davon gibt es auf *YouTube*, in den Kommentaren wird er gefeiert, der wirre Deutsche mit dem lustigen Oberlippenbart.

Oder andersherum.

Daum, das hat sich nie geändert, liebt und sucht die Konfrontation, er ist in der Reibung zu Hause, trägt seine Thesen zur Schau. Eine zuverlässige Meinungsmaschine. Mindestens einmal im Jahr sitzt er deshalb im *Doppelpass* auf *Sport1*, ein Besucher aus der Vergangenheit als Kommentar auf die Gegenwart. Er weiß ja, was man dort von ihm erwartet. Und liefert dann ab.

Thema im Grunde egal.

Seit Daum vom Karussell gefallen ist, muss er selbst für

den Rummel sorgen. Es braucht deshalb keinen großen Anlass für seinen nächsten großen Auftritt.

Nun allerdings gab es für Christoph Daum im Herbst 2020 genug Gründe, sich mal wieder mit der eigenen Geschichte vor die Kameras zu stellen, sich ins Licht der Schweinwerfer zu setzen.

Denn 20 Jahre nach der Haarprobe hatte er die Zeit auf seiner Seite und ein Buch über seine Karriere geschrieben.

Weshalb er natürlich ein gern gesehener Gast war, in den Talk-Shows und Gesprächsformaten, auf den Nachbohrinseln des deutschen Fernsehens. Und er nutzte die Bühne, um auch sich selbst noch einmal zu erklären. Den Satz, der an ihm haften geblieben ist. Eine Richtigstellung, für das absolut reine Gewissen. Denn Christoph Daum, das hat er nun mehrfach erzählt, wollte damals eigentlich mit einer ganz anderen Aussage an die Öffentlichkeit.

Drogen haben und werden in meinem Leben keine bedeutende Rolle spielen, so hatte er es aufgeschrieben. Den PR-Beratern in Leverkusen aber war das zu weich, zu wenig Daum. Er ließ sich beirren. Das ist seine Version, zwei Jahrzehnte danach. So steht sie auch im Buch.

Christoph Daum, rastlos im cremefarbenen Sessel, war nun wieder der Handelsreisende seiner Biografie. Und es schien, als würde er von außen auf das eigene Leben schauen.

Es, final gebannt zwischen zwei Buchdeckeln, noch einmal neu bewerten wollen.

Bei Markus Lanz gelang es ihm, schon mit der ersten Antwort unmittelbar in die dritte Person zu wechseln. Ein Trick, ein sprachlicher Ausfallschritt, mit dem er sich mal eben Luft verschaffen, ein bisschen Abstand gewinnen konnte.

Auch das gehört zu seiner Rhetorik, dieser ständige Perspektivwechsel, das Spiel mit der eigenen Figur. Daum, Tatsache, schafft so gleich mehrere Böden, auf denen er sich dann frei bewegen kann. Der eigentlich simplen Frage nach seinen Erfahrungen in der Corona-Krise begegnete er deshalb mit einer vorangestellten Erklärung. Einer Packungsbeilage zur eigenen Person.

Es gibt den privaten Christoph Daum, sagte er da, und es gibt den Christoph Daum, der im Fußball verwurzelt ist.

Erst dann sprach er über Calmund und Hoeneß, die Haare, die eigenen Fehler.

Das Kokain, nun wieder Gesprächsstoff.

Markus Lanz war beeindruckt. Die anderen Gäste hingegen, Zuschauer am Rande des Monologs, wirkten bald so, als wären sie nun doch ganz gerne woanders.

Aber Daum hatte sich, wieder einmal, offenbart.

Er nannte es Seelen-Outing.

Er musste privat werden, weil er im Fußball verwurzelt ist. Seine beiden Erzählungen, hier berührten sie sich.

Auch wenn er sonst versucht, sie voneinander zu trennen.

Im Fernsehen ist er dann entweder der persönliche Daum, der wieder einmal erklären muss, was er damals eigentlich hätte anders machen können. Oder der offizielle Daum, der den anderen erklärt, was sie jetzt zwingend anders machen müssen. Ex-Trainer, Experte, Entertainer.

Daum wird also wahlweise in die Defensive gedrängt, mit dem Rücken wieder zur Sponsorenwand, oder er darf die Offensive suchen, als Kritiker der Zustände.

Je nachdem, was besser passt.

Daum nimmt beide Rollen dankbar an.

Fünf Tage nach seinem Auftritt bei Lanz saß er deshalb

auch wieder im *Doppelpass*, diesem Stuhlkreis unter Palmen. Ein Heimspiel für ihn. Er kennt die anderen von früher.

Es ging dann bald um Joachim Löw und den Zustand der Nationalmannschaft. Auch das, natürlich, sein Thema. Und Daum, die Augen nach vorne, forderte die Rückkehr von Thomas Müller, ein Appell an die Führungsstärke. Über sein Buch verlor er anfangs kein Wort. Es ging ihm vor allem um Werbung in eigener Sache.

Am Ende aber, Gastgeber Thomas Helmer hatte ihn nach der Unwucht im Kader von Borussia Dortmund gefragt, antwortete Daum mit einem Satz, der auch ein Satz über seine Karriere hätte sein können. Ein Kommentar zur Pressekonferenz, zur Haarprobe vor 20 Jahren.

Die Flucht nach vorne anzutreten, sagte er da, resultiert ja oft auch aus einer gewissen Dysbalance.

ALTER SCHWEDE!

Ich kam, ich sah, ich siegte.

ZLATAN IBRAHIMOVIĆ

Die Nachspielzeit hat gerade begonnen, die Uhr zeigt 90 Minuten und 37 Sekunden, als die Schweden einen langen Ball aus der eigenen Hälfte schlagen, um sich noch einmal Luft zu verschaffen. Sie führen mit 3:2 gegen England, sie wollen diesen Vorsprung jetzt, so sagt man schließlich, über die Zeit bringen. Es ist eine Befreiung, mehr nicht. Eine eigentlich alltägliche Szene. Doch sie leitet das Staunen ein. Weil ganz vorne noch einer lauert, der auch in diesem Spiel nur seinen eigenen Gesetzen folgt, den Laufwegen des Einzelsportlers, der sich lässig zwischen den Gegnern bewegt, dort immer am Rande der Arroganz. Zlatan Ibrahimović hat bis hierhin alle drei Treffer der Schweden erzielt. Jetzt, respektvoll eskortiert von zwei Verteidigern in weißen Trikots, folgt er der Flugkurve des Balles, der kurz vor dem Strafraum der Engländer landet, dort wieder aufspringt.

Auch das im Grunde eine alltägliche Szene.

Dann aber muss Ibrahimović den eigenen Spurt stoppen, abrupt abbremsen, vielleicht selbst überrascht. Unmittelbar vor ihm ein rotes Trikot. Joe Hart, ein noch junger Vertreter der alten britischen Torwartschule, die seit Jahrzehnten auch den Slapstick als Stilmittel lehrt, ist aus seinem Strafraum geeilt, um den Ball mit dem Kopf zu klären, unterwürfig und übermütig zugleich. Es ist eine Zirkusnummer. Und Hart der Clown, der dem Artisten die Bühne bereitet. Denn Ibrahimović, der 1,95 Meter misst und dabei zu gleichen Teilen aus Technik und Instinkt besteht, dreht sich sofort, macht ein paar Schritte in die entgegengesetzte Richtung und nimmt den Ball aus der Luft. Ein Fallrückzieher, geboren aus der gnadenlosen Überzeugung, einem Gottvertrauen in das eigene Können. Und während Hart noch zurück in den Strafraum trottet, ein Verirrter im Dickicht seines Unvermögens, in schlaffen Gliedern Gewissheit, begleitet vom Raunen der Menge, findet auch dieser Schuss seinen Weg hinter die Linie.

Ibrahimović hat dem Ganzen, aber vor allem sich selbst, die Krone aufgesetzt.

Dann ist das Spiel vorbei, 14. November 2012.

Der Fuß Gottes, schreibt die *FAZ* am nächsten Tag.

Dieser Treffer, später auch zum Tor des Jahres gewählt, war ein Moment für die Ewigkeit. Erschaffen von einem Spieler, dem die Zeit selbst nichts anzuhaben scheint, weil er nicht ihren, sondern nur seinen eigenen Regeln folgt. Ganz so, als könnte er sie biegen, wie er auch seinen Körper noch immer biegen kann. Nach Belieben, gegen den Uhrzeiger, gegen jeden Sinn.

Zlatan Ibrahimović jedenfalls, und hier beginnt die nächste Ungeheuerlichkeit, war im November 2020, acht Jahre nach seiner Performance gegen England, immer noch da.

Ein altersloser Artist, eine unwahrscheinliche Attraktion.

Im Winter zuvor hatte er sich, alte Liebe Serie A, noch einmal dem AC Mailand angeschlossen und an den ersten sieben Spieltagen der neuen Saison gleich acht Treffer erzielt. Ibrahimović, 39 Jahre alt mittlerweile, pflügte durch Italiens Strafräume, eine Maschine, frisch geölt, die keinen Rost zu kennen schien, keinen Verschleiß. Ein Organismus zudem, der sich selbst von der Pandemie nicht aufhalten ließ. Denn zwischendurch hatte sich auch Ibrahimović mit Corona infiziert, was er aus Sicht des Virus allerdings mindestens leichtsinnig fand.

Covid, erklärte er nach seiner Genesung, hatte den Mut, mich herauszufordern, schlechte Idee.

Hinterher allerdings warnte er davor, die Erkrankung zu verharmlosen. Weil man von ihm als Zlatan doch bitte nicht auf den Menschen an sich schließen könne.

Ich habe das Virus besiegt, sagte er da, aber du bist kein Zlatan.

Zum Comeback traf er dann gleich wieder doppelt. Gegen Inter, den ewigen Stadtrivalen. So entschied er das Derby, die nächste Demonstration. Milan war vor allem dank ihm plötzlich wieder Tabellenführer. Weil er diese Mannschaft, zuvor jahrelang in der Mittelmäßigkeit gestrandet, mit jeder Körpertäuschung besser machen konnte. Allein seine Anwesenheit ein Statement, eine Drohung für jeden Gegner.

Ibrahimović ist in Mailand, schrieb *La Repubblica* später, zu einem mythologischen Helden aufgerückt, halb Mensch und halb Gott.

Ibrahimović, der nicht nur den windigsten Berater der Branche beschäftigt, sondern auch einen schwarzen Gürtel in Taekwondo besitzt, hat schon immer die unfassbaren Tore gemacht. Diese Zeitlupendinger, die man sich immer wieder anschauen muss. Diese Traumtore, mit der Hacke über dem Kopf, das Bein um den Gegner herum, ein Schlangenmensch zwischen traurigen Holzpuppen. Bewegungen, die so exotisch waren, dass man ihnen Tiernamen geben musste.

Skorpion-Kick, der Flügel einer Taube.

Nun aber war er vielleicht so gut wie nie zuvor. Als Stürmer, der ohnehin keine Vergleiche scheut, der erst Rekorde liefert und hinterher noch die Zitate dazu. Und als Gesamtpaket, um das er selbst immer neue Schleifen bindet.

Zlatan macht schon wieder Zlatan-Sachen, so untertitelte *DAZN* in jenen Tagen eine Zusammenfassung des Spiels gegen Udinese Calcio. Und nannte Ibrahimović einen König, unnachahmlich im Strafraum. Er hatte auch in diesem Spiel getroffen, natürlich per Fallrückzieher.

Das verlernt er nicht mehr.

Ich verneige mich ehrfürchtig, sagte der Kommentator danach, vor dem unbescheidensten Spieler der Welt. Er sagt, er sei der Fußballgott. Und er ist es.

Eine Huldigung, sie war keineswegs übertrieben.

Weshalb ein Text über ihn auch nichts anderes sein kann als eine Ode, eine Liebeserklärung an das Spätwerk eines Künstlers, der zu jeder Zeit in der Lage war, mit den Füßen Gemälde in die Luft zu malen.

Eine immer schon große Geschichte.

Und das, obwohl sie im März 2018 bereits auserzählt schien, Ibrahimović dem Spitzenfußball im Grunde abhandengekommen war. Am Ende auch, nachdem er Manchester United in Richtung Hollywood verlassen und einen Vertrag bei LA Galaxy unterschrieben hatte. Er war nun, von Europa aus betrachtet, nur noch eine Silhouette vor einem kalifornischen Sonnenuntergang. Er war dort, so sah es doch aus, auf dem Altenteil gelandet. In der MLS, jenem Gnadenort, an dem sich fußlahme Fußballer den Lebensabend vergolden lassen.

Ibrahimović aber, Lok auf zwei Beinen, hatte noch was vor.

Zur Begrüßung, seinem Start in Los Angeles, veröffentlichte er eine Anzeige in der *L.A. Times.* Zwei ansonsten weiße Seiten, auf der einen seine Unterschrift, unten links. Auf der anderen nur fünf Wörter. *Dear Los Angeles. You're welcome.* Es war eine Ansprache, die selbst für amerikanische Straßenverhältnisse großspurig klang. Eine Ankunft, wenn man so will, mit qualmenden Reifen. Es war aber auch das vollmundige Versprechen an eine Stadt, die ihn nicht kannte, aber schon bald kennenlernen sollte. Er hätte sich durchaus daran verschlucken können. Ibrahimović aber, das muss man wissen, hält den eigenen Prognosen stand. Seit jeher. Das gehört zu seinem Auftritt, er lässt sich gerne an sich selbst messen, seine Worte an seinen Taten. Und umgekehrt. Er braucht das. Diesen Druck, den er zuvor aufgebaut hat. Ibrahimović bestellt Ergebnisse, um dann zu liefern. Und er trifft, so war das auf jeder seiner Stationen bislang, gleich im ersten Spiel.

Die schwedische Eröffnung, um allen Bauern zu zeigen, wer der König ist. In Los Angeles, erster Auftritt für Galaxy, war das nicht anders. Nur diesmal, dem Rahmen entsprechend, noch einmal spektakulärer.

Am 31. März 2018, nur acht Tage nach seiner doppelseitigen Ankündigung, wurde Ibrahimović im Stadtderby gegen den LAFC in der 71. Minute eingewechselt. Seine Mannschaft lag zu diesem Zeitpunkt mit 1:3 in Rückstand. Er sollte, das war sein Auftrag, diesem Spiel eine neue Richtung geben. Sechs Minuten später, nachdem Galaxy bereits der Anschlusstreffer gelungen war, tat er dies auf seine ganz eigene Weise, da machte er wieder eine dieser Zlatan-Sachen, diesmal kurz hinter der Mittellinie. Weil Ibrahimović gesehen hatte, dass sich der gegnerische Keeper einen Schritt zu weit vorgewagt hatte, nahm er einen im Grunde harmlosen Ball direkt aus der Luft, mit vollem Spann und vollem Risiko, und jagte ihn aus 36 Metern zum Ausgleich ins Tor. Dann zappelte das Netz, dann bebte das Stadion, verwackelte Handyvideos als Zeugnisse dieses Moments. Und natürlich erzielte Ibrahimović wenig später auch den Siegtreffer. Per Kopf in der Nachspielzeit. Es war ein Einstand, der einem Drehbuch folgte, das abseits des Platzes, in den Studios am anderen Ende der Stadt, im Papierkorb gelandet, ein Märchen, das selbst Hollywood zu kitschig gewesen wäre.

You can not write this, schrie ein amerikanischer Kommentator.

You've just been Zlatan'd, ein anderer.

Die Amerikaner, Popcorn und Glory, lieben solche Geschichten. Im Sport sowieso.

Weshalb Ibrahimović bald schon in die Late Night Shows des Landes eingeladen wurde, diesen mit Musik unterlegten Spieleabenden der Industrie. Auch dort eine Attraktion.

So saß er bei James Corden, auf einem der Sessel, neben ihm die Schauspielerin Rosamunde Pike, und sollte nun auch seine anderen Talente unter Beweis stellen.

Can Zlatan? So hieß die Rubrik. Und Zlatan konnte.

Drei Kardashians nennen. Ein Gurkenglas mit bloßen Händen öffnen. Den Floss tanzen. Seinen eigenen Namen aussprechen, mit einem Mund voller Marshmallows.

Auch das eine Demonstration.

Weil Ibrahimović den Zuschauern gezeigt hatte, wie ernst

ihm Spaß sein kann. Dabei lächelte er, eine raumgreifende Regung.

An einem anderen Abend dann saß er bei Jimmy Kimmel und erklärte dem sehr schnell sehr ausgelassenen Publikum, dass er es war, der Schweden überhaupt erst auf die Landkarte gebracht hatte. Und schließlich auch, dass sein erstes Tor im Trikot von Galaxy wirklich etwas Besonderes gewesen war.

Für Los Angeles.

Die Leute lachten, Jimmy Kimmel lachte auch. Und war sich doch zu keiner Zeit sicher, ob dieser Fußballer aus Europa das jetzt alles wirklich so meinte, wie er es sagte. Denn wie er dort saß, als lässige Provokation im Tuxedo, hätte Ibrahimović auch eine Figur sein können, eine Verkleidung, erdacht von Sacha Baron Cohen. Eine Mischung, so beschrieb es der Sportjournalist Hans von Brockhausen später in seinem Podcast, aus Borat und Chuck Norris. Ein Skorpion-Kick ins Zwerchfell. Ein Tor, der genau weiß, wo das Tor steht. Das Video haben sich bis heute 17 Millionen Menschen angeschaut.

Zlatan Ibrahimović hatte Hollywood im Sturm erobert.

Dann verließ er die USA wieder.

Ich kam, ich sah, ich siegte, schrieb er auf *Twitter*.

Liebes Los Angeles, gern geschehen.

So stieg er ins Flugzeug und landete wenig später in Mailand. Ein Rückkehrer, in San Siro als Heiland empfangen.

Zlatan Ibrahimović hatte in 58 Einsätzen für LA Galaxy 53 Mal getroffen, er hätte es dabei belassen können. Es wäre ein würdiger Abschied gewesen. Doch Ibrahimović folgte auch hier seinen eigenen Gesetzen, der besonderen Arithmetik des Egozentrikers, der sich selbst in Toren aufwiegt und deshalb keine Altersmilde kennt. Er hatte so viel gewonnen, er musste es noch immer allen beweisen. Er wollte, das war in Mailand jede Woche spürbar, noch immer der Beste sein. Auf dem Platz. Und, noch wichtiger vielleicht, in der Wahrnehmung des Publikums. Das war sein Anspruch. Zlatan Ibrahimović, überall offene Rechnungen, hatte auch die passenden Zahlen im Gepäck.

Im September 2018, Ligaspiel gegen Toronto, war ihm schließlich sein 500. Karrieretreffer gelungen. Ein Meilenstein, sein Mitbringsel aus der MLS. Es war, wieder einmal, kein gewöhnliches Tor. Nicht einfach nur ein Ball, mit etwas Glück über die Linie gedrückt.

Er hatte dieses Tor mit der Hacke erzielt, in Schulterhöhe aus der Drehung heraus, eine weitere Figur aus dem Kampfsport, als wollte er den Ball auf die Bretter schicken.

Ein Tritt mehr als ein Schuss.

Es war, wenn man so will, das Tor seines Lebens. Ein Best-of-Treffer, ein Medley seiner größten Hits, Skorpione und Taubenflügel.

Dieses Tor, kein Zweifel, hat Zlatan Ibrahimović auf eine andere Stufe gehoben. Dorthin, wo er dem eigenen Selbstverständnis nach ohnehin immer schon stand. Ganz oben, ein Gott im Olymp. Denn 500 Tore, diese Wahnsinnsmarke haben bislang nur zwei andere noch aktive Fußballer erreicht. Cristiano Ronaldo und Lionel Messi. Ausnahmeerscheinungen, auch ihre Namen glänzen. Auch sie sind Solisten. Anders als Ibrahimović aber haben sie die großen Titel geholt, die Champions League, die Europameisterschaft. Und sie sind, im Wechsel meist, Weltfußballer geworden. Goldene Bälle an den Füßen, beide Hände am Henkelpott. Sie haben dieses Spiel unter sich ausgemacht, während Ibrahimović immer weitergezogen ist. Von Mailand nach Paris. Von Paris nach Los Angeles. In die Modestädte, dem Geld hinterher.

Das ist sein Makel, seit Jahren schon.

Zlatan Ibrahimović, der in Holland, Italien, Frankreich und Spanien Meister geworden ist, hat keine Ära geprägt, keinen Verein über Jahre auf seinen Schultern getragen.

Und doch haben seine erneute Rückkehr nach Mailand, sein öffentlicher Umgang mit dem Virus, seine Interviews am Rande, die immer wieder punktgenaue Wucht seiner Zitate, noch einmal eine andere Wahrheit offenbart. Ibrahimović, so viel Ode sei am Ende erlaubt, ist der kompletteste Spieler seiner Generation. Weil er, wie kaum ein anderer, das Spiel mit der Show verbunden und das Ergebnis mit dem Spektakel versöhnt hat. Bei ihm ging immer beides. Er ist da, im Scheinwerferlicht, irgendwann über sich selbst hinausgewachsen.

Ein Entertainer, der in seinen besten Momenten im Strafraum steht, sahnig und geil, als würde er im Bademantel am Flügel sitzen. So hat er durchaus Spuren hinterlassen, auf jeder seiner Stationen. Nirgends Legende, überall Ikone.

Und während Lionel Messi in Barcelona nicht mehr nur den Fußball für sich sprechen, dafür aber andere für sich laufen lässt. Und Cristiano Ronaldo noch immer vor allem aus Bauchmuskeln und Ehrgeiz besteht, selbst das Lächeln eingeölt, mischt Ibrahimović seiner eigentlich unappetitlichen Arroganz bis heute die nötige Prise Selbstironie bei. Dieses Augenzwinkern einer Figur, die genau weiß, dass sie sich selbst erschaffen hat.

Das macht ihn, der sich so gerne mit Gott vergleicht, am Ende sogar angenehm menschlich.

Die Frage nach dem Größten aller Zeiten, sofern sie sich jetzt noch einmal stellen sollte, hat Zlatan Ibrahimović ohnehin vor Jahren schon beantwortet.

Ich bin der Größte, sagte er da. Wie Ali.

Geht das überhaupt, zwei Größte?

Na gut, ich bin der Größte, hinter Ali.

Der Fußball, er war ihm, Schuhgröße 47, eben schon immer eine Nummer zu klein.

THE FAB ONE

Wäre ich hässlich gewesen, hättet ihr nie etwas von Pelé gehört.

GEORGE BEST

Zuerst sind da die Zitate. Jene lässigen Sätze, die er den Reportern mal eben in die Blöcke gedichtet, wie nebenbei in die Kameras und Mikrofone gesprochen hat. Immer mit dem Lächeln des Schelms, immer mit dem Augenzwinkern des Entertainers. Als hätte er damals schon gewusst, dass sie länger bleiben, ihn am Ende überdauern würden.

Sie hängen heute als Leuchtschrift über dem Zugang zu seiner Karriere, grell und in Neon. Und doch beginnt die eigentliche Erzählung erst dahinter.

Als George Best, der sich schon früh unsterblich gemacht hatte, dann doch gestorben war, im Cromwell Hospital in London, am 25. November 2005 um 12:55 Uhr Ortszeit, gehörten ihm noch einmal die Schlagzeilen, da füllte sein Portrait die Titelseiten, als wäre der Tod sein wirklich letztes Kunststück gewesen.

Und natürlich waren die Zeitungen, druckfrisch am nächsten Morgen, übervoll mit den Sprüchen seines Lebens, diesen verbalen Übersteigern, hatte er sich doch immer schon selbst auf den Punkt gebracht, seine Biografie in erst griffige und später abgegriffene Zeilen gegossen. Dort also sprach erstmal George Best über George Best.

In seinen eigenen Worten.

Wäre ich hässlich gewesen, hättet ihr nie etwas von Pelé gehört.

Genauso, wie ich auf dem Platz jeden übertreffen wollte, wollte ich auch jeden übertreffen, wenn wir in der Stadt unterwegs waren.

1969 entschloss ich mich, Frauen und Alkohol aufzugeben. Es waren die schlimmsten 20 Minuten meines Lebens.

Die Nachrufe, schwarz umrandete Rückblicke, hatten wochenlang in den Schubladen gelegen, sterbebettfertig. Nun klangen sie überall gleich. Nun spielten die Redaktionen noch einmal seine größten Hits. Ein Best-of, wenn man so will. Wobei auch hier, Ehrensache, ein Zitat über allen anderen stand.

Ich habe viel Geld für Alkohol, Frauen und schnelle Autos ausgegeben. Den Rest habe ich einfach verprasst.

Es ist der Aphorismus seines Lebens. Ein Kalenderspruch, womöglich längst bekannter als er selbst. Er wurde auf T-Shirts gedruckt seitdem und an die Wand gemalt. Es ist aber, 15 Jahre nach seinem Tod, auch eine böse Pointe, die erst ins Zwerchfell trifft und danach in die Magengrube. Weil hinter dem letzten Lachen schon die Tragik lauert. Und weil sie eine Karriere nach der Karriere beschreibt. Eine lange Nachspielzeit, in der es im Grunde nichts mehr zu gewinnen gab. Das Ende, es sitzt dort schon zwischen den Zeilen. Weil der Zocker irgendwann den Spieler ersetzt hat.

George Best, das nochmal zur Erinnerung, war ein Wunderstürmer. Ein Junge aus Belfast, Sohn eines Hafenarbeiters, der mit 15 nach Manchester geholt wurde, um unter der Führung des großen Matt Busby eine neue Ära zu begründen. Das nächste Babe. Ein Genie, so stand es im Telegramm des Scouts, der ihn in Nordirland entdeckt hatte.

George Best, der Hüftschwung allein ein technisches Wunderwerk, brachte eine zuvor undenkbare Leichtigkeit auf den Platz, fast schien er zu schweben. Eine Erscheinung. Kaum zu fassen für die Gegner, kaum zu glauben für die Zuschauer. Er hat sicher zwei Gelenke im Knöchel, sagten seine Mitspieler. Anders war das auch nicht zu erklären.

178 Tore in 466 Spielen.

Mit ihm, Nummer Sieben auf dem Flügel, konnte Manchester United zwei Meisterschaften gewinnen. Und 1968 auch, als erstes englisches Team überhaupt, den Europapokal der Landesmeister. In Wembley, Finale at home. Gegen Benfica aus Lissabon, damals noch das Maß aller Dinge. George Best, wer sonst, schoss das entscheidende 2:1. Mit einem Solo in der zweiten Minute der Verlängerung, eine Woche nach seinem Geburtstag. Es gibt Künstler, die schreiben ihre Drehbücher selbst. Weshalb ihm, im selben Jahr Torschützenkönig und Englands Fußballer des Jahres, schließlich auch der Ballon d'Or verliehen wurde. Er galt nun, auch offiziell, als bester Fußballer der Welt.

Er war da gerade 22 Jahre alt.

In den Zeitungen wurden jetzt, immer häufiger und immer größer, jene Bilder gedruckt, mit denen später auch seine Sprüche illustriert werden konnten. Autos, Frauen und Alkohol. Aufreizende Aufmacher.

Immer aus dem Rahmen.

Die Fotografien dieser Zeit, auch sie gehören dazu. Und erklären noch mehr. Schlaglichter in Schlaghosen, sie zeigen den Spieler ohne das Spiel, einen öffentlichen Menschen, der den Sucher sucht, die Motive kennt, die Inszenierung beherrscht. Und zu offenen Hemden auch ein offenes Lächeln trägt. Ein Gesicht, wie gemacht für die Magazine. Ein Leben, wie gemalt für die Klatschspalten. Er hatte die Pose perfektioniert. Er lieferte Szenen.

Best, der auf der Kühlerhaube sitzt. Ein Lackaffe im besten Sinne, im Rücken immer die Karren.

Lotus Europa, Jaguar E-Type, Rolls-Royce Silver Shadow.

Best, daneben die Damen. Er nannte sie Birds.

Mädchen, so leicht, sie schienen zu fliegen.

Er sammelte sie wie Titel, langhaarige Trophäen.

Best, mit der Flasche in der Hand. Ein Gentleman in Champagner-Laune, oberkörperfrei am Pool. Das Leben als Kopfsprung, lange bevor er hart auf die Kacheln schlug.

Als sich die 60er-Jahre, wild und bunt, ihrem Ende zuneigten, hatte George Best die letzten Seiten endgültig verlassen. Er war nach vorne gerutscht. Er stand nicht mehr nur hinten im Sport, er stand in der Öffentlichkeit. Dort also, wo jede Finte zum Fehltritt und jede Schwäche zur Krise umgedeutet werden kann.

Er war ein Popstar geworden. Der erste Popstar des Fußballs, so stand es später in jedem Nachruf.

Es ist der Untertitel seiner Biografie.

George Best, Posterboy nun, hing in den Bars der Stadt, er hing über den Betten der Kinder. Ein Junge, der immer nur spielen wollte, ein tatsächlicher Playboy jetzt, ein plötzliches Pin-up. So wirkte er, die Haare lang, die Nächte kurz, weit über die Tribünen, die noch immer engen Grenzen seines Sports hinaus. So wurde er Projektionsfläche für die Sehnsüchte einer Generation, die anders tanzen, sich anders kleiden wollte, als ihre Eltern zuvor. Die Jugend stand an der Schwelle eines neuen Jahrzehnts. Und George Best hielt ihr grinsend die Tür auf.

1966 hatte ihm die portugiesische Presse bereits den passenden Beinamen gegeben. Weil Best, nach einem Sieg in Lissabon, bei seiner Ankunft in England nicht nur als Sieger mit zwei Toren im Gepäck, sondern auch als Ikone mit Sonnenbrille und Sombrero aus dem Flugzeug gestiegen war. Sie nannten ihn *El Beatle*.

Eine Fotografie in Schwarzweiß.

Doch während der Sombrero nur eine Momentaufnahme bleiben sollte, war der Name ein echtes Souvenir jener Tage. Und Best wurde bald auch in Großbritannien als fünfter Beatle geadelt. The Fab One.

Ein nur auf den ersten Blick verrückter Vergleich.

George Best und die Beatles, sie sind sich nie persönlich begegnet. Und doch haben sie sich eine Gegenwart geteilt, glichen sich ihre Karrierewege. Als wären sie Hand in Hand auf den Olymp geklettert, um dort dann, auf dem Dach der Welt, ihr letztes Konzert zu spielen.

Die Erzählungen jedenfalls, erste Schritte am Hafen, ähneln sich.

Zum einen war da die Hysterie. Best und die Beatles, sie waren beide in der Lage, ihr Publikum in Ekstase zu spielen. Mit einem Hüftschwung, einer lässigen Geste allein. Ihnen gehörte die Bühne, von Anfang an. Im *Star Club*, in Wembley, im Theater der Träume.

Die Birds, sie fielen reihenweise in Ohnmacht.

Zum anderen sind da die Zahlen, die Jahre, die Halbwertszeit des Erfolgs.

1963, als Best sein erstes Spiel für Manchester United bestritt, feierten die Beatles aus Liverpool gerade ihre erste Nummer Eins in Großbritannien.

Please Please me, Chartstürmer im Februar.

Und als die Beatles sich schließlich trennten, 1970 im April, hatte auch der langsame Abstieg des Fußballers George Best begonnen, obwohl die Fotos von damals erstmal eine andere Geschichte erzählten. Er machte schließlich einfach weiter wie bisher. Autos, Alkohol, Frauen. Nur wurden die kurzen Nächte irgendwann immer länger. Ein Sumpf, aus dem er mitunter erst Tage später wiederauftauchte.

Best, mit der Flasche in der Hand. Zu Beginn seiner Karriere war dieses Bild meist ein Symbol für das Leben, die Lust daran. Er, was soll schlimm daran sein, feierte sich und den Erfolg. Die Vokabeln dazu waren mit dem Blattgold des Lifestyles überzogen. Sie funkelten, glamourös und mondän. Jeder Drink, Old fashioned oder Straight Up, nur ein geschmackvolles Accessoire zur Abendgarderobe.

George Best war ein Sonnenkönig. Aber er kannte die Schattenseiten.

Und irgendwann änderte sich die Perspektive, wurde der Blick der Öffentlichkeit ein anderer.

Als hätte der Hausmeister im Club das Licht angemacht.

Am Mittag, um fünf vor zwölf.

Da stand dann auch die Wahrheit im Raum. Nackt, mit Rändern unter den Augen. Da stand dann eine Legende, die sich mit ihren noch verbliebenen Kräften selbst vom Sockel gerissen hatte.

Best, mit der Flasche in der Hand. Es war bald das Symbol seines Niedergangs. Jeder Drink plötzlich Beweis, die ganze Körpersprache ein Lallen. Der Alkohol, er löste sich darin auf. Kippte seitlich vom Stuhl. Und fiel aus der Zeit.

1974 machte er sein letztes Spiel für United.

Er war da gerade 27 Jahre alt.

Und so scheint es heute, als hätte sein Leben, wie das Spiel selbst, tatsächlich zwei Halbzeiten gehabt. Eine erste und eine dritte.

Die erste hatte Best auf dem Platz verbracht. Als Erscheinung, ein roter Teufelskerl, der weder von Verteidigern noch von Normen zu halten gewesen war. Sein Trikot, seine Hemden, schon Gesprächsstoff genug. Sein Lächeln der Mittelpunkt jeder Party. Ein goldener Junge, unter dem Arm ein goldener Ball.

Die dritte aber führte ihn an die Ränder des Spiels. Da lief er in Stadien auf, die eher Manegen glichen. Die ehemalige Sieben nun eine Zirkusnummer am anderen Ende der Welt, ein trauriger Clown auf Abschiedstournee. Die Namen der Clubs, elf waren es in den zehn Jahren danach, klingen heute noch wie ausgedacht. Schlechte Witze, Pointen wie Ohrfeigen. Los Angeles Aztecs, Fort Lauderdale Strikers, San José Earthquakes, Brisbane Lions, Jewish Guild of Johannesburg, unter anderem. Und während Franz Beckenbauer und Pelé, seine großen Zeitgenossen, drüben in New York spielten und gemeinsam mit David Bowie und Andy Warhol im *Studio* 54 die 80er-Jahre begrüßten, war die Party für Best im Grunde vorbei.

1984 musste er für drei Monate ins Gefängnis. Trunkenheit am Steuer. Er hatte die Kontrolle verloren, das Gleichgewicht sowieso. 1990 torkelte er durch eine Fernsehshow. 1998 musste er sein Haus in London verkaufen, 2002 bekam er eine neue Leber.

George Best hatte sich selbst heruntergewohnt. Er war 53 Jahre alt, alkoholabhängig und spielsüchtig, pleite und kaputt. Auch das erzählte er den Reportern, immer wieder. Sein Offenbarungseid. Seine Diagnose.

Best, so klang es dann immer, hatte die Lücke, die das Ende in Manchester, der erzwungene Abschied vom großen Fußball, hinterlassen hatte, nie richtig füllen können. Nicht mit Autos, nicht mit Frauen und auch nicht mit Alkohol. Best war dann voll und leer gleichermaßen.

So litt er am Schicksal eines Mannes, der früh in der Menge gebadet hatte, und deshalb nie mehr trocken sein konnte.

Am Ende hatte er auch sein Talent verprasst.

Best, die Flasche in der Hand. Das war deshalb irgendwann auch das Bühnenbild einer großen Tragödie, die überschaubare Requisite eines unausweichlichen Dramas, das die Briten in seinen Ausmaßen gerne als shakespearean bezeichnen, weil es darin gleich um alles geht. Um den Niedergang des einstigen Helden, um die Verführungen und die Schwächen. Und am Ende, unausweichlich, auch um den Tod.

George Best starb öffentlich, nach vier Wochen Kampf.

Es gibt auch davon ein Bild. Das letzte von ihm, es stand auf den Seiten ganz vorne. News of the World, doppelt und dreifach.

Best, der auf dem Krankenbett liegt. Im Nachthemd, ganz schmal. Er ist über Schläuche mit den Maschinen verbunden, die Ausgänge sind blutig und wund. George Best, die Wangen sind eingefallen, die Haut ist schon gelb. Der Blick aber sucht noch einmal die Kamera. Und darunter prangt eine Bitte, ein Appell an die Fans. DON'T DIE LIKE ME. Sterbt nicht so wie ich. Er hatte um dieses Foto gebeten.

Wenn ich mal weg bin, hatte George Best einst gesagt, dann werden die Leute den ganzen anderen Mist vergessen haben. Und sich nur an den Fußball erinnern.

Auch ein Zitat, das geblieben ist.

Zu seiner Beisetzung in Belfast am 3. Dezember 2005 kamen mehr als 100 000 Menschen.

Sie standen im strömenden Regen.

Die Fahnen am Parlament hingen auf halbmast.

VÄTER UND SÖHNE

Je länger das Spiel dauert,
desto weniger Zeit bleibt.
MARCEL REIF

Dann war auch noch Maradona gestorben, an diesem 25. November. Am gleichen Tag wie George Best. Am gleichen Tag wie sein Freund Fidel Castro, historische Dimensionen.

Maradona, selbst im Tod in bester Gesellschaft.

Die Menschen aber, in Buenos Aires, in Neapel, im Internet, glaubten erst nicht daran. Wollten den Nachrichten, ihren Ohren und Augen nicht trauen. Diese Meldung, sie hörte sich falsch an. Sicher nur ein schlechter Scherz.

Die Schlagzeilen hatten ihn schon einmal sterben lassen.

Da war er, laut und deutlich, zurückgekommen.

Wieso sollte es diesmal anders sein?

Dann aber kam die Bestätigung, ganz offiziell. Dann wurden die Fahnen auf Halbmast gehängt. Dann gingen die Menschen auf die Straße. In Buenos Aires, in Neapel.

Gott ist tot, titelten die Zeitungen. Jetzt bekommt Gott seine Hand zurück, stand im Internet.

Nachrufsäulen.

Und im Fernsehen, im Radio, am Abend noch, wurden die ersten Zeitzeugen gehört. Zuschauer meist, Fans und

Journalisten, Chronisten ihrer eigenen Gefühlswelt, Abschiedsrichter.

Sie sollten sich nun, wie auf Knopfdruck, an die schönsten Szenen erinnern. An das Spiel mit ihm, die Begegnungen am Rande, an ihre persönlichen Maradona-Momente.

Als wären sie selbst dabei gewesen.

Im Strafraum, als er den Ball mit der Faust spielte. Am Mittelkreis, als er den ersten Haken schlug. Zwischen den Engländern, die ihm nichts entgegensetzen konnten. Zwischen den Deutschen, die am Ende auch nur Spalier stehen durften.

Es war ein Versuch, hier und jetzt noch einmal Nähe herzustellen. Zu einem, den man vor allem aus der Distanz beobachtet hatte, 40 Jahre lang. Und natürlich hatte jeder an diesem Abend seine eigene Geschichte dabei. Den Stoßseufzer. Das Staunen, wie in einer Schatulle bewahrt. Weil Diego Armando Maradona, neben allem anderen, eben immer auch eine kollektive Erfahrung gewesen war. Ein gemeinsames Erlebnis. Vor dem Fernseher, vor Ehrfurcht. Und weil heute noch jeder weiß, wo er war, als Maradona schon nicht mehr wusste, wer er ist.

Da gab es den Chefredakteur, der im Olympiastadion saß, 19. April 1989, als Maradona zu tanzen begann, den Ball jonglierte. Mit dem Kopf, den Knien, den Schultern. Mit offenen Schuhen, zum Schunkeltakt von *Live Is Life*. Ein Aufwärmprogramm als Zirkusnummer. Eine Demonstration auch, vor diesem Halbfinal-Rückspiel gegen die Bayern. Und ein Gottesbeweis für all jene, die Zeuge werden durften.

Dann gab es den Kollegen, der noch einmal ein ganz anderes Bild hervorkramte. Darauf Noel und Liam Gallagher.

Und in der Mitte Maradona, die Augen weit aufgerissen. Es ist eines der wenigen Fotos aus den 90er-Jahren, auf dem er nicht der Kaputteste ist. Entstanden ist es in einer Bar in Buenos Aires. Die Brüder, so hat es Liam Gallagher einmal in einem Interview erzählt, waren gerade auf Tour und saßen am Abend an der Theke, als Maradona mit seiner üblichen Entourage den Laden betrat. Sie baten um das Foto, dann gab es Tumulte. Am Ende drohte Maradona damit, sie erschießen zu lassen.

Don't look back in anger.

Und natürlich gab es all die anderen Geschichten. Die Bilder, die geblieben sind. Die Anekdoten aus den letzten Jahren, in denen er zur Lachnummer geworden war. Oft nur noch die Karikatur eines Weltstars. Die Augen hinter dicken Sonnenbrillen versteckt, auch die Gesten aufgedunsen.

Maradona, als würde er einzig von seinen Tätowierungen zusammengehalten.

Da war, zum Beispiel, die Demütigung gegen Deutschland. 2010, in Südafrika. Maradona, Nationaltrainer nun, trug damals noch zwei Uhren, an jedem Handgelenk eine. Und fast konnte man die Zeiger hören, bei jeder Pressekonferenz, in jedem Interview. Eine neue Zeit, die gegen ihn lief. Seine Zeit, die abzulaufen schien.

Da waren die Anstellungen danach, dieser wilde Ritt durch die Wüste, seine viel zu lange Abschiedstournee. In Mexiko, Weißrussland, den Vereinigten Arabischen Emiraten. In Sinaloa, Brest und Fudschaira, wo er für Petro-Dollars, für Blut- und Drogengeld arbeitete.

Und dann war da noch der Absturz 2018, als er in Russland fast von der Tribüne stürzte. Ein seltsamer Gast. Im Vollrausch, aber nicht mehr im Vollbesitz seiner Kräfte. Auch da hatten sich die Menschen, nicht nur in Buenos Aires, nicht nur in Neapel, wieder Sorgen gemacht, wieder Anteil genommen. Am Verfall des öffentlichen Sohnes.

An einem Leben als Telenovela.

Sie hatten wieder mit ihm gelitten, weil er 40 Jahre lang Legende war, der vielleicht überhaupt beste Fußballer. Held und Symbol gleichermaßen. Aber eben auch, weil er den Menschen wirklich etwas bedeutete. Weil sie mit ihm groß geworden waren, an seiner Seite erst triumphiert und später geweint hatten. Und weil dieses Leiden und das Lieben dazu, diese fast staatstragende Sentimentalität, die wirklich tollkühne Verklärung, irgendwann von den Vätern auf die Söhne übergegangen war. Sie hatten ihn weitergegeben.

Eine tragische Figur als emotionales Erbe.

Von Generation zu Generation.

Auch deshalb wurden nach seinem Tod drei Tage Staatstrauer ausgerufen. Auch deshalb kamen Hunderttausende, als er im Regierungspalast von Buenos Aires aufgebahrt wurde.

Dort am Sarg schenkten sie ihm ihre Trikots. Boca, Old Boys, Albiceleste. Darauf sein Name, dazu die Nummer 10. Sie hatten Maradona auf dem Rücken getragen, ein Leben lang.

Mit ihm, so fühlte es sich an, war nun auch ein Teil von ihnen gegangen.

Und vielleicht stimmte das sogar.

Denn Fußballer, besonders die großen, begleiten uns anders. Sie waren im Grunde immer schon da, hingen als Poster im Kinderzimmer. Starschnitte und Autogramme. Sie sind Freunde, die wir selten selbst kennenlernen dürfen. Aber wir sprechen mit ihnen, ahmen ihre Bewegungen nach, ein einsamer Dialog mit den Füßen. Wir kennen auch ihre Zahlen, die Statistiken, kennen alle Stationen. Könnten sie auswendig aufsagen. So entsteht mit den Jahren eine seltsam einseitige Intimität, eine tiefe Verbundenheit. Wir waren schließlich bei allem dabei, haben Meilensteine gesammelt. Das erste Tor, als wäre es das erste Wort. Das *Panini*-Heft als Familienalbum, geklebte Verwandtschaft.

Wir sind dann Söhne und Väter zugleich.

Und irgendwann, unweigerlich, schauen wir ihnen beim Älterwerden zu. Sehen das letzte Spiel, das letzte Tor. Dann fehlen uns die Worte. So ein Fußballerleben dauert eben selten länger als 15 Jahre. Ein Fußballerleben, harte Realität, ist irgendwann vorbei. Dann endet die Laufbahn. Dann gibt es, wenn man Glück hat, noch einen Blumenstrauß.

Eine Ehrenrunde vielleicht.

Danach erlischt das Flutlicht.

Fußballer, so oder zumindest so ähnlich hat es der Philosoph Gunter Gebauer einst gesagt, sind die einzigen Menschen, die wissen, wie es ist, zu sterben und danach weiterleben zu müssen. Gemeint war die Karriere nach der Karriere, die Schwierigkeit des Neuanfangs. Wenn aus Unsterblichen plötzlich Untote werden. Dazu verdammt, auf ihren eigenen Spuren zu wandeln. Immer dem einstigen Erfolg hinterher. Sie werden dann zu Fernsehgesichtern, sie wechseln die Seiten. Stehen am Samstag an der Linie. Oder sitzen am Sonntag in Kunstledersesseln. Profis unter Palmen.

Tatsächliche Zombies. The Talking Dead.

Aber natürlich schauen wir ihnen auch dabei zu, bleiben gerne am Ball, selbst wenn er ohne sie rollt. Gute Freunde, die niemand trennen kann. Weil zwischen uns wirklich viel passiert ist. Seit damals. Und wenn wir wieder von ihnen hören, freuen wir uns. Als wäre das Foto in der Zeitung eine Postkarte von Opa, von den Kindern, die lange schon aus dem Haus sind.

Wir wollen ja nur wissen, ob es ihnen gut geht.

So war es auch im Sommer 2020, als die Welt gerade wirklich aus den Fugen geraten war.

Da, eitel Sonnenschein, hatten sich die Weltmeister von 1990 noch einmal in Italien getroffen. Waren, eingeladen von Lothar Matthäus, nahezu alle gekommen. Selbst Franz Beckenbauer, der einst mächtige Teamchef, hatte es in die Toskana geschafft. Nicht vernehmungsfähig, aber immerhin reisewillig. Oder umgekehrt.

Es wurde ein bisschen Golf gespielt, weil das nun mal das Spiel ehemaliger Spieler ist. Und schließlich kamen noch einmal alle zusammen und posierten für das abschließende Mannschaftsfoto, 30 Jahre danach. Jürgen Klinsmann stellte es hinterher ins Internet.

Dort war nun eine breit grinsende, leicht gebräunte und vor allem gut gelaunte Ü50-Mannschaft zu sehen. Zwei Dutzend Herren, die wirklich so aussahen, als wären sie gerade von einer Kaffeefahrt zurückgekehrt, einer geführten Tour durch die Altstadt von Arezzo. Die Lesebrille noch uneitel am Band um den Hals. Ein Dutzend Herren, tatsächlich in die Jahre gekommen.

Einzig Karl-Heinz Riedle sah aus wie damals. Ohne Spuren, als könnte ihm das Alter kein Haar krümmen.

Vorne jedenfalls saß Thomas Häßler gleich neben Andreas Brehme und hielt ihm lachend den Pokal vor die Brust, als wollte er ihm das Ding verkaufen.

Komm, Andy. Für'n Fuffi.

Doch Brehme, der wenige Wochen später 60 Jahre alt geworden ist, blickte so entrückt geradeaus, als würde ihn das alles nichts angehen. Eine Randfigur nur, obwohl die anderen doch ohne ihn vielleicht nie dort, nie Weltmeister gewesen wären. Brehme war es schließlich, der 1990 den entscheidenden Elfmeter verwandelt hatte. Gegen Goycochea, aber eben auch gegen Maradona. Brehme hatte Gott den Titel gestohlen. Mit geschnürten Schuhen. Mit dem rechten Fuß, mit links.

Weshalb auch er heute als Legende gilt. Andreas Brehme hängt seit 2018 in der Hall of Fame des deutschen Fußballs. Er hat lange von diesem Schuss gezehrt. Mittlerweile allerdings wirkt er oft, als wäre er damals in Italien nicht nur als Sieger vom Platz gegangen, sondern mit Maradona noch um die Häuser gezogen. Seit zwanzig Jahren, hatte der Reporter Henning Sußebach bereits 2010 geschrieben, bringt Brehme dieses 1:0 über die Zeit.

Thomas Häßler wiederum war vor ein paar Jahren im Dschungel und bei *Let's Dance*, mittlerweile trainiert er einen Landesligisten in seiner Heimatstadt Berlin. Nebenbei aber macht er weiter ordentlich Werbung. Zuletzt für Haartransplantationen. Da saß er dann mit neuem Scheitel vor der Kamera. Und im Internet machten sich die Menschen gleich wieder Sorgen. Weil es doch so aussah, als würde er das Geld dringend brauchen. Die Menschen, vor allem Fans und Journalisten, nennen ihn immer noch Icke.

Auch das ist geblieben, Kindheitserinnerung.

Icke, der Junge aus dem Wedding, ist jetzt 54 Jahre alt.

Und so ist dieses Foto ein tatsächliches Zeitdokument. Ein Bildnis des Dorian Gray, ein Klassiker. Mit dem feinen Unterschied, dass der Betrachter in diesem besonderen Fall einfach mitgealtert ist. Andy Brehme im Spiegel.

Wir, die Zuschauer, versuchen seit 30 Jahren, dieses 1:0 über die Zeit zu bringen.

Wir wussten alles, nur halten konnten wir ihn nicht.

Es heißt oft, schrieb der Journalist Christian Spiller in der *ZEIT*, an größer werdenden Kindern merkt man, wie die Zeit vergeht. Da mag was dran sein. Vor allem aber merkt man es an älter werdenden Fußballstars.

Weil sie uns die eigene Vergänglichkeit vor Augen führen, weil sie dort, im Rücken der Golfplatz, auch für die Sterblichkeit des Einzelnen stehen. Vanitas, der Libero.

Wir sehen an ihnen, wie viele Jahre wirklich vergangen sind. Seit dem ersten Tor, dem ersten Titel unseres Lebens. Wir sind dann im besten Sinne Zeitgenossen, durch Erinnerungen verbunden.

Durch die großen Turniere, die Lagerfeuermomente.

Ich wurde 1985 geboren, ich habe die WM 1990 nicht gesehen. Die Spieler von damals, Matthäus, Littbarski, Buchwald, sie sind deshalb auch nicht meine Weltmeister. Ich habe mir dieses Gefühl, den Bezug zu ihnen lediglich angeeignet. Von älteren Freunden, Vätern, Nachbarn geliehen. Ich kenne die Bilder, natürlich. Die Kommentare dazu, Rubenbauernschläue. Andy Brehme gegen den Elfmetertöter Goycochea. Der Kaiser allein auf dem Rasen von Rom. Sie berühren mich, weil ich um die Geschichten dahinter weiß. Volksgut Völler. Aber es bleiben geborgte Ikonen.

Dramen, wie auswendig gelernt.

Meine Weltmeister sind andere. Lahm, Schweinsteiger und Klose. Hummels und Boateng. Mertesacker in der Eistonne, die Mannschaft in den schwarzroten Trikots, die sich der DFB bei Flamengo abgeschaut hatte, ein kleiner Flirt mit den Brasilianern, die am Ende jedoch bittere Tränen weinten, weil die Deutschen in ebenjenen Farben sieben Tore schossen. Ich war damals in Rio, als Götze gegen Argentinien traf. Mach ihn, er macht ihn. Das ist geblieben. Eben nicht Rubenbauer, eben doch für immer Tom Bartels.

Gänsehaut bei jeder Silbe.

Ich war 28 Jahre alt damals und als Reporter bei der WM, ein gern gesehener Gast am Strand. Einmal tanzte ich mit siegestrunkenen Argentiniern in den Wellen der Copacabana. Im Rücken der Corcovado. Die Christusstatue, mit immer offenen Armen.

Die Mannschaft und ich, wir hatten dort in Rio unseren gemeinsamen Höhepunkt erreicht. Wir sind dort Weltmeister geworden. Zusammen, weil man das damals noch so schreiben konnte. Eine goldene Generation.

Seitdem sind auch schon wieder sieben Jahre vergangen. Und meine Weltmeister längst auch die Weltmeister von damals. Ehemalige, frühere, einstige. Zusätze, die man ihren Lebensläufen beigemischt hat. Das geht schneller, als du Goycochea sagen kannst.

Auch das Sommermärchen war einmal.

Miroslav Klose ist jetzt Co-Trainer bei den Bayern, er vermittelt den Jüngeren dort sein Gefühl für den Raum. Und vielleicht auch sein Gespür für den Mitspieler, die Arbeit dahinter, diese besondere Ethik seines Spiels. Per Mertesacker wiederum hat sich zuletzt aus London gemeldet, stand dort vor einer Fototapete der Tower Bridge. Er ist jetzt Profi im *ZDF.* Er spricht dann, sachlich und klar, als hätte er auch seine Sätze gerade erst aus der Eistonne geholt.

Und drüben in der *ARD*, lässig im Jackett, lehnte Bastian Schweinsteiger am Tresen. Schon wieder alle Fäden in der Hand. Deutschland hatte da gerade 0:6 gegen Spanien verloren. Eine Jahrhundertniederlage, ein absolutes Unding. Und Schweinsteiger setzte zur Grätsche an, stellte jene Fragen, die alles infrage stellten, forderte endlich Alternativen. Es war seine letztgültige Emanzipation. Von Löw, von der Vergangenheit. Er war ja längst nicht mehr der Junge, den wir noch als Schweini kannten. Die Frisur platinblond, die Cousine im Whirlpool. Er war nun aber auch nicht mehr der blutende Schmerzensmann aus dem Maracana. Er war jetzt der Herr Schweinsteiger, auf Einstecktuchfühlung. Die Haare nicht mehr modisch silbern, sondern ehrwürdig grau.

Ein Mann, so schrieb es die *Süddeutsche Zeitung*, der mittlerweile aussieht wie der Neffe von Richard Gere.

Thomas Müller, sein alter Freund, nannte ihn Günter Netzer Junior. Es war einer dieser Müller-Sätze, in denen wie beiläufig Wahrheit lauert.

Weil man dort, in den gläsernen Studios, die wie Zeitkapseln an den Rängen kleben, überdeutlich sehen kann, wie die Jahre vergehen. Und eine Generation die nächste ablöst.

Wenn Weltmeister auf Weltmeister folgen, Legenden auf Legenden. So stehen sie da.

Netzer neben Delling. Kahn neben Welke. Und jetzt eben Schweinsteiger neben Opdenhövel. So sind wir immer wieder live dabei, wenn aus Gefährten Gurus werden.

Aus Goldjungen Altvordere.

Aus Ex-Profis Experten.

Der Lauf der Dinge.

Zeitlupen im Zeitraffer.

HINTERMANNSCHAFT

Ich danke Sie!

WILLI ENTE LIPPENS

Oliver Lipinski und *Nachholspiel*
Mats Brinkhaus und *OMR*
Elvir Osmanković und Mathias Wolf
Niels Babbel und Benedict Wells
Kai Feldhaus und Oliver Wurm
Nils Straatmann und Janni Gruszecki
David Görges und Stephan Schlage
Micky und Maik
Meinen Eltern, Pelle und Britt

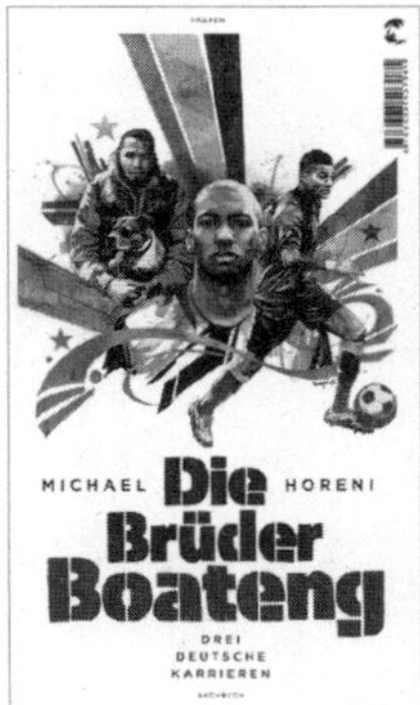
MICHAEL
Die
HORENI
Brüder
Boateng
DREI
DEUTSCHE
KARRIEREN

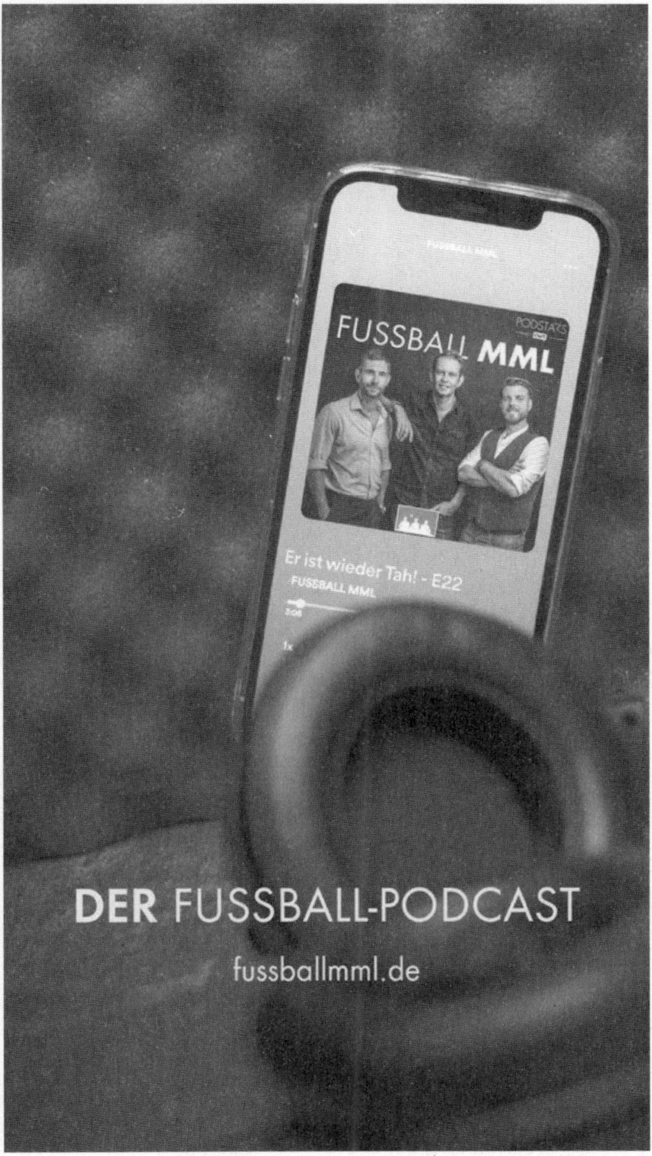
FUSSBALL MML
Er ist wieder Tah! - E22
FUSSBALL MML
DER FUSSBALL-PODCAST
fussballmml.de

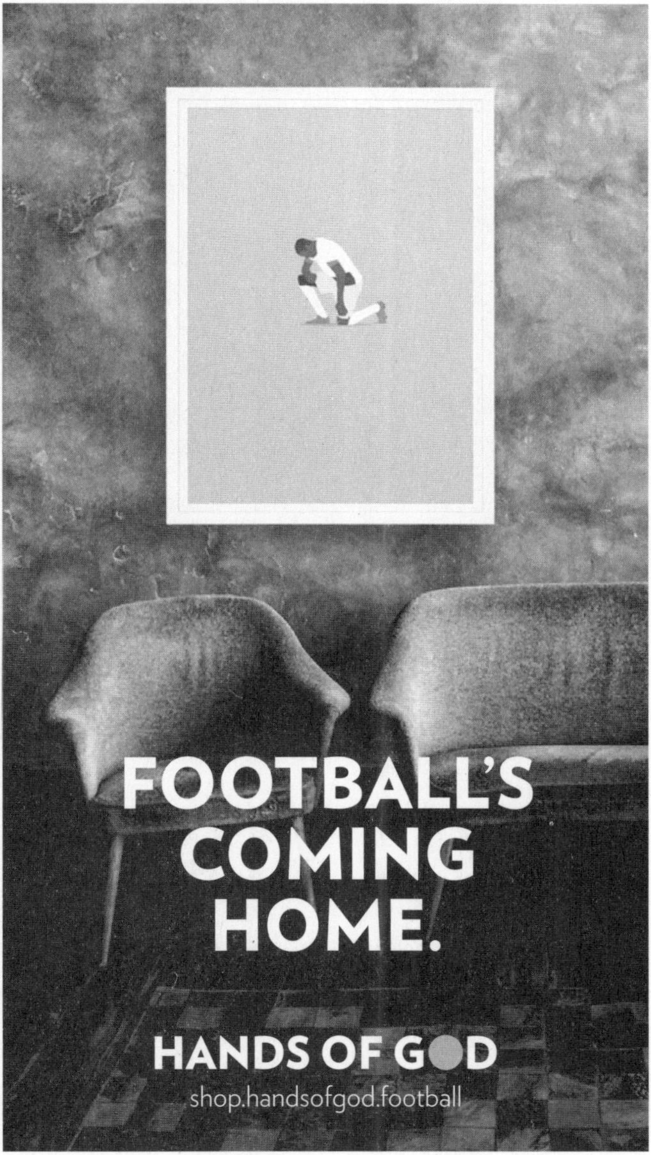
FOOTBALL'S
COMING
HOME.
HANDS OF GOD
shop.handsofgod.football